AUSGEWÄHLTE TEXTE

Herausgegeben von
Hans Christian Meiser

DESMOND TUTU

Die Texte dieses Bandes wurden von
John Webster zusammengestellt

GOLDMANN VERLAG

Beim Erscheinen der Originalausgabe dieses Buches im Jahre 1982 war Desmond Tutu Bischof von Johannesburg. Er wird deshalb in den Texten so bezeichnet. Seit 1986 ist Desmond Tutu Erzbischof von Kapstadt.

Aus dem Englischen übertragen von Hans Jürgen Baron von Koskull
Titel der Originalausgabe: CRYING IN THE WILDERNESS
Originalverlag: A. R. Mowbray & Co. Ltd., London

Kein Mensch ist eine einsame Insel;
jeder Mensch ist ein Stück des Kontinents,
ein Teil des Ganzen.

John Tonne

Made in Germany · 6/87 · 1. Auflage
Genehmigte Taschenbuchausgabe

Umschlaggestaltung: Design Team München
Satz: Filmsatz Schröter GmbH, München
Druck: Presse-Druck, Augsburg
Verlagsnummer: 11025
Lektorat: Hans Christian Meiser/ST
Herstellung: Gisela Ernst
ISBN 3-442-11025-4

Inhalt

Vorwort von Trevor Huddleston, CR.

Ich habe einen ganz besonderen Grund, stolz darauf zu sein, daß ich das Vorwort zu dieser Auswahl aus den Schriften von Bischof Desmond Tutu schreiben darf. Ich habe ihn schon als Vierzehnjährigen gekannt, und in jenen fernen Tagen habe ich einigen Anteil daran gehabt, ihn bei seiner weiteren Ausbildung zu fördern. Deshalb ist es für mich eine große Freude zu sehen, daß er in dieser äußerst gefährlichen Zeit zur Stimme der Hoffnungen und Bestrebungen der Afrikaner geworden ist. Noch wunderbarer ist es, daß seine Stimme geblieben ist, was sie von Anfang an war; die Stimme christlicher Prophetie, christlichen Mitgefühls und – das ist vielleicht überraschend – christlichen Humors.

Als ich Bischof Desmond kennenlernte, war er an Tuberkulose erkrankt und lag in einem Krankenhaus in Johannesburg. Dort mußte er viele Monate das Bett hüten. Man kann sich leicht vorstellen, wie schwer das einem Menschen fallen mußte, der so erfüllt war von Energie und Lebensfreude wie er. Es waren sein Mut und seine Geduld, die ihm die Genesung brachten und es ihm ermöglichten, seine berufliche Ausbildung so erfolgreich abzuschließen. In seinem Leben als Priester hat er viele Länder besucht und aus eigener Anschauung erlebt, welche Rolle die Kirche in der ganzen Welt spielt. Er kann deshalb als schwarzer Südafrikaner

sprechen, der die Apartheid vor einem ausgedehnten Horizont gesehen und erfahren hat, wie sie von denen beurteilt wird, die außerhalb des von der Regierung Südafrikas geschaffenen rassistischen Gettos leben.
Die besondere Qualität dieser Schriften liegt in der darin zum Ausdruck kommenden und zu Herzen gehenden Nachsicht gegenüber denen, die die wertvollsten Menschen in Südafrika verfolgen und versuchen, sie zu vernichten. Bischof Desmond hat es selbst zweimal erlebt, daß sein Paß eingezogen wurde, um ihn daran zu hindern, außerhalb des eigenen Landes offen zu reden, und er wird in diesem Land natürlich ständig überwacht. Er ist ein leidenschaftlicher Verfechter des Friedens und der Versöhnung als Ausdrucksform christlicher Liebe. Aber wie wir alle es sollten, aber viele es leider nicht tun, weiß er, daß sich christliche Nächstenliebe auf Gerechtigkeit gründen muß. Außerdem verkündet er über den christlichen Glauben die Grundwahrheit, daß er sich auf die uneingeschränkte Achtung vor der Menschenwürde und den Menschenrechten stützen muß, weil Gott selbst menschliche Gestalt angenommen und dem Menschsein damit einen unendlich tiefen Sinn verliehen hat, der alle Grenzen der Hautfarbe, der Rasse und der religiösen Bekenntnisse transzendiert.
Regierungen brauchen immer sehr viel Zeit, solche Wahrheiten zu erkennen, und wir haben nicht mehr sehr viel Zeit für friedliche Lösungen. Die Möglichkeit, daß in Südafrika ein Blutbad entstehen könnte, ist erschreckend real. Wenn es noch Zeit ist, das zu verhindern, dann ist diese Zeit sehr kurz. Ich kann nur

hoffen und beten, daß dieses Buch viele Leser finden wird, die seine Botschaft hören, bevor es zu spät geworden ist.

»Ich kann dir nichts Tröstliches sagen,
ja, nichts von dem, was du dir wünschst,
sondern nur daß der Himmel sich verdunkelt
und die Flut immer höher steigt.«

Diese Botschaft ist auch heute noch eine Prophezeihung und eine Warnung.

14. September 1981

Vorwort von John Webster

Diese Sammlung von Predigten, Ansprachen, Artikeln und Presseerklärungen des Bischofs Tutu dokumentiert ereignisreiche zweieinhalb Jahre im Leben des Rates südafrikanischer Kirchen von der Ernennung Bischof Tutus zum Generalsekretär am 1. März 1978 bis zu der erfolglosen Konferenz zwischen dem SACC (South African Council of Churches), dem südafrikanischen Premierminister und der südafrikanischen Regierung im August 1980. Die Beiträge sind so geordnet, daß im Teil 1 der allgemeine theoretische Hintergrund behandelt wird, im Teil 2 geht es um die praktische Arbeit des SACC und im Teil 3 um die Lage in Südafrika. Teil 4 beschäftigt sich mit den für einen politischen Wandel im Lande arbeitenden Kräften, und Teil 5 gibt einen Ausblick auf die Weltlage und die künftige Rolle der Kirche in der Welt. Einige Beiträge sind aus verschiedenen Quellen zusammengestellt, die sich alle mit dem gleichen Thema beschäftigen. Andere sind Auszüge aus Reden oder Ansprachen und unter einer Überschrift zusammengefaßt. Wo es möglich war, ist das Datum angegeben. Fußnoten erläutern den Hintergrund und verweisen auf andere Texte.

Ich möchte all denen danken, die mich bei der Arbeit an diesem Buch unterstützt haben. Mein besonderer Dank gilt Hochwürden Brian Brown, dem afrikanischen Sekretär des British Council of Churches, der das Manuskript gelesen, korrigiert, viele wertvolle Hinweise gegeben und mich mit detaillierten Angaben für die Fußnoten versorgt hat. Mein Dank gebührt auch den Mitarbeitern der USPG-Bibliothek, Westminster, für ihre Hilfe bei meinen Nachforschungen und der Mowbray's Publishing Division für deren tatkräftige Unterstützung. Schließlich möchte ich auch meinem Vater, Alan Webster, danken, der mich zu der Arbeit an diesem Buch angeregt hat.

Vorwort zur zweiten Auflage

Diese zweite Auflage enthält den ursprünglichen Text mit wenigen geringfügigen Änderungen, eine überarbeitete Einführung und einen neuen Teil 6, der das Buch mit einem letzten Kapitel auf den neuesten Stand bringt und den redigierten Text einer Ansprache enthält, die Bischof Tutu am 7. Oktober 1985 in London vor der Royal Commonwealth Society gehalten hat und der mir von dieser Gesellschaft zur Verfügung gestellt worden ist.

Juni 1986

Einführung

Die Verleihung des Friedensnobelpreises an Bischof Desmond Tutu im Jahr 1984 war eine angemessene Anerkennung seiner Bemühungen um einen gewaltfreien Übergang zu einer von der Mehrheit der Bevölkerung getragenen Regierung in Südafrika. In einem von Leben erfüllten Land ist seine Stimme Ausdruck der Weisheit, die für die südafrikanische Gesellschaft einen Weg beschreibt, auf dem die in diesem Land vorhandenen Energien so eingesetzt werden können, daß sie ihren Ausdruck in kreativer, gewaltfreier Arbeit finden. Er spricht von dem »Versuch, so etwas wie ein Visionär zu sein«, weigert sich jedoch, den Boden der Tatsachen zu verlassen und sich in die Transzendenz zu flüchten. Wie wir aus diesen schriftlichen und mündlichen Zeugnissen aus seiner Zeit als Generalsekretär des South African Council of Churches (SACC) sehen können, nimmt er eine ganz realistische Haltung ein, und zwar sowohl in der Presseerklärung über die von der Regierung veranlaßte Enteignung der schwarzen Bevölkerung als auch in seinen Predigten von der Kanzel. Mit seiner Wahl zum Erzbischof von Kapstadt wurde er an die Spitze der anglikanischen Kirche in Südafrika berufen, wo sein ganzer Einsatz in den kommenden Jahren dringend erforderlich sein wird, denn Unruhen und Gewalttätigkeiten in Südafrika, die unausweichlichen Folgen der Apartheid, mehren sich, und die Chancen für einen friedlichen Übergang zu einer von der Mehrheit getragenen Regierung werden zunehmend geringer, da die fortgesetzte Unterdrükkung und Brutalität des Apartheidssystems im Bewußtsein der schwarzen Mehrheit immer tiefere Wunden schlagen.

Das System der Apartheid wurde 1948 eingeführt, als die in jenem Jahr »gewählte« weiße Minderheitsregierung die ererbten diskriminierenden Praktiken und ein philosophisch-theologisches Gebäude übernahm, in dessen Schutz ihre Politik der Selbstsucht und des nackten Rassismus gedeihen konnte. Die Rolle der schwarzen Bevölkerung sollte es sein, der weißen Bevölkerung zu dienen, und dazu mußten die schwarzen Afrikaner zu Sklaven erzogen werden. Die in den 1950er Jahren erlassenen Gesetze, der Group Areas Act und der Bantu Education Act, ermöglichten die Durchführung dieser niederträchtigen und selbstsüchtigen Politik. Die schwarze Bevölkerung reagierte mit einer Reihe friedlicher Proteste, die mit zunehmend schärferen Gewaltmaßnahmen unterdrückt wurden. Diese Gewaltmaßnahmen fanden 1960 ihren Höhepunkt in dem berüchtigten Massaker von Sharpeville, als neunundsechzig Menschen während einer friedlichen Demonstration gegen die Paßgesetze erschossen wurden. Nach diesem Massaker kam die führende schwarze Oppositionspartei, der Afrikanische Nationalkongreß (ANC), deren Ziel es ist, in Südafrika auf der Grundlage der Freiheitscharta von 1955 eine nichtrassistische Demokratie zu errichten, zu der traurigen Erkenntnis, daß sie ihre Politik des gewaltfreien Widerstandes dem Tag der Freiheit nicht nähergebracht hatte, und richtete 1961 einen bewaffneten Flügel ein – Umkhonto we Sizwe (Späher der Nation). In den 1960er Jahren erließ die Minderheitsregierung eine ganze Reihe zunehmend repressiver Gesetze, nach denen eine politische Meinungsbildung der schwarzen Mehrheit verboten war, und die alle Gegner der Apartheid rücksichtslosen Verfolgungen aussetzten. In den 1970er Jahren verstärkte sich der Wille der schwarzen Bevölkerung, nach den Unruhen von 1976 in Soweto bewaffneten Widerstand zu leisten, eine Entwicklung, die sich bis in die 1980er Jahre fortgesetzt hat. Obwohl gewisse Reformen stattgefunden haben, läßt sich kaum erkennen, wie diese Reformen die Lage entschärfen sollen, solange die zentrale politische Forderung der schwarzen Bevölkerung – die Bildung einer von der Mehrheit der Bevölkerung getragenen Regierung – nicht berücksichtigt wird.

In den 1960er Jahren wendete sich die Kirche deutlicher gegen die Apartheid – auf den Konferenzen des Weltkirchenrates (WCC) wurde eine entschiedenere christliche Stellungnahme formuliert, und 1970 erklärte der Weltkirchenrat, daß er den südafrikanischen Befreiungsbewegungen, dem ANC und dem Panafrikanischen Kongreß (PAC), finanzielle Mittel zur Verfügung stellen werde, Organisationen, die sich nach Sharpeville dem bewaffneten Widerstand angeschlossen hatten. Obwohl die von der Kirche zur Verfügung gestellten Mittel nicht für den Kauf von Waffen, sondern für soziale Dienste und die medizinische Versor-

gung vorgesehen waren, verursachte der Beschluß, solche Gelder zur Verfügung zu stellen, eine gewaltige Kontroverse. Premierminister Vorster drohte dem SACC sofort mit harten Gegenmaßnahmen für den Fall, daß er nicht aus dem Weltkirchenrat austrat. Doch auf einer spannungsgeladenen Konferenz des SACC entschied man sich gegen den Austritt, beschloß jedoch, die Anwendung von Gewalt zur Herbeiführung sozialer Veränderungen zu verurteilen. Die Regierung reagierte mit der Weigerung, Personen Visa zu erteilen, die Verbindungen zum Weltkirchenrat unterhielten, und hinderte den SACC daran, dem Weltkirchenrat Geldmittel zur Verfügung zu stellen.
Die Meinungsverschiedenheiten zwischen Kirche und Staat in Südafrika hinsichtlich der zentralen Frage der Apartheid waren damit Anfang der 1970er Jahre sehr viel deutlicher geworden. Vor diesem Hintergrund trat Desmond Tutu Mitte der 1970er Jahre als einer der beredtesten und erfolgreichsten Sprecher aus dem christlichen Lager in Südafrika auf. 1975 wurde er zum Dekan von Johannesburg ernannt und übernahm dieses Amt als erster Schwarzer. Nach den Unruhen von 1976 in Soweto machte er sich durch seine Stellungnahme zu der politischen Lage in Südafrika einen Namen. 1977 wurde er zum Generalsekretär des SACC ernannt. Als solcher kritisierte er wiederholt Theorie und Praxis der Apartheid und setzte sich energisch für die Rechte der unterdrückten schwarzen Mehrheit ein. Dabei sprach er sich immer wieder für die Errichtung einer von der Mehrheit gewählten Regierung aus. Unter seiner Führung gewährte der SACC vielen politi-

schen Gefangenen juristische und ihren Familien finanzielle Unterstützung. Diese eindeutige Haltung gegenüber der Apartheid wurde von Bischof Tutus großem persönlichen Mut getragen, und seinem Wunsch, zwischen den Rassen gute Beziehungen herzustellen, nicht weniger aber auch von seinem einzigartigen Sinn für Humor, der von einigen als »lausbubenhaft« bezeichnet wurde.

Desmond Tutu wurde am 7. Oktober 1931 in Klerksdorp, einer Stadt im West-Transvaal, einhundertzehn Kilometer westlich von Johannesburg geboren. Sein Vater war ein methodistischer Schullehrer und leitete eine Grundschule. Seine Mutter war Hausangestellte, und ihr lag das Schicksal ihrer benachteiligten Landsleute besonders am Herzen. Ihr neugeborener Sohn war so schwach, daß man fürchten mußte, er werde nicht lange am Leben bleiben. Aber er überlebte und bekam bei der Taufe den zweiten Vornamen Mpilo, »Leben«. Desmond besuchte eine schwedische Missionsschule in Roodeport und anschließend eine weiterführende Schule für Schwarze. Aus dieser Zeit stammen seine ersten traurigen Eindrücke vom Leben in Südafrika – wie er von den weißen Jungen seines Alters als Schwarzer verspottet wurde, wie die schwarzen Kinder in den Mülltonnen der Schule nach fortgeworfenen Lebensmitteln suchten, und wie demütigend es war zu hören, daß sein Vater von den Weißen als »Boy« angeredet wurde. 1945 erkrankte er an Tuberkulose und lag zwanzig Monate in einem Krankenhaus in Sophiatown. Während seines Krankenhausaufenthalts wurde er wöchentlich einmal von Trevor

Huddleston besucht, der als Pfarrer die Gemeinde in diesem Vorort von Johannesburg betreute. Die Begegnung mit Huddleston war für Tutu eine inspirierende Erfahrung. Später nannte Desmond Tutu seinen Sohn nach ihm, und die beiden Männer verbindet seither eine enge Freundschaft.

Nachdem er 1950 von der Tuberkulose genesen war, beendete er die Schule und besuchte anschließend ein Lehrerseminar in Pretoria. Von 1953 bis 1957 arbeitete er als Lehrer in Johannesburg und Krugersdorp, heiratete Leah, eine ehemalige Schülerin seines Vaters. Sein Leben als Lehrer ging zu Ende, als Dr. Vorwoerd den »Bantu Education Act« erließ. Mit diesem Gesetz wurde ein diskriminierendes Erziehungssystem eingeführt. Desmond Tutu war nicht bereit, im Rahmen eines solchen Systems zu arbeiten, und beschloß daher, Pfarrer in der anglikanischen Kirche von Südafrika zu werden. 1960, im Jahr des Massakers von Sharpeville, wurde er zum Diakon ernannt und, nachdem er im Benoni-Distrikt von Johannesburg gearbeitet hatte, 1961 zum Priester geweiht. Im folgenden Jahr ging er nach Großbritannien, studierte am King's College in London Theologie, arbeitete in der Gemeinde St. Albans und übernahm einen Posten beim Weltkirchenrat. 1967 kehrte er nach Südafrika zurück und arbeitete in der Diözese von Grahamstown. Von 1970 bis 1974 hielt er Vorlesungen an der Universität von Botswana, Lesotho und Swaziland. Dann ging er für ein weiteres Jahr nach Großbritannien und arbeitete dort in der Diözese Southwark.

Nachdem er 1975 nach Südafrika zurückgekehrt war,

wurde seine Gegenwart in seiner Heimat immer deutlicher spürbar. In zunehmend immer einflußreicheren Positionen als Dekan von Johannesburg, Bischof von Lesotho und Generalsekretär des Rats südafrikanischer Kirchen gewann er durch seinen Mut und die Klarheit seiner Reaktionen auf das Apartheidsystem die Anerkennung als Sprecher der schwarzen Mehrheit in Südafrika, deren politische Führer des Landes verwiesen, eingekerkert und zum Schweigen gebracht worden waren. Im zweiten Buch Moses, dem Buch des Exodus, fand er eine Parallele zur Lage der schwarzen Südafrikaner und steuerte den Rat der südafrikanischen Kirchen auf einen Kurs, dem sich der Staat mit Zähnen und Klauen widersetzte. 1979 entzog ihm die südafrikanische Regierung seinen Paß, nachdem er Dänemark aufgefordert hatte, den Verkauf südafrikanischer Kohle zu boykottieren. Die Beschlagnahme seines Passes wurde in einer vom Erzbischof von Canterbury und vierundzwanzig Bischöfen unterzeichneten Erklärung verurteilt. Darin hieß es: »Nach unserer Ansicht ist diese Maßnahme nicht ausreichend begründet worden, und da Bischof Tutu keines Verbrechens beschuldigt wird, muß der Einzug seines Passes als eine ernste Behinderung des Rats der südafrikanischen Kirchen gesehen werden. Wir bedauern das und verlangen mit allem Nachdruck die Rückgabe des Passes an den Bischof, um es ihm zu ermöglichen, seine ökumenische Arbeit fortzusetzen.«

Im Mai 1980 beteiligte sich Bischof Tutu in Johannesburg an einem Protestmarsch gegen die Verhaftung des ehemaligen Generalsekretärs des SACC, Hochwürden John Thorne. Alle an dieser Demonstration Beteiligten, darunter fünfunddreißig Geistliche, wurden festgenommen, man nahm ihnen ihre Fingerabdrücke ab, fotografierte sie und sperrte sie in die Zellen der berüchtigten Polizeistation am John Vorster Platz. Am nächten Morgen wurden sie einem Richter vorgeführt und entlassen, mußten aber später je fünfzig Rand Strafe zahlen. Bischof Tutu erklärte anschließend, die Behörden hätten diesem Vorfall vielleicht größere Beachtung geschenkt als notwendig gewesen wäre – »sie wissen nicht, wie sie auf friedliche Demonstrationen reagieren sollen« –, aber hier sei etwas sehr Wichtiges deutlich zum Ausdruck gekommen: »Wir werden nicht länger Kirchen sein, die nur fromme Resolutionen verkünden.«

Im Januar 1981 erhielt Bischof Tutu seinen Paß zurück und verließ kurz darauf Südafrika, um Europa und den Vereinigten Staaten einen Besuch abzustatten. Während seines Aufenthalts in London im März 1981 berichtete die Presse, die südafrikanische Regierung sei verärgert, weil er gesagt habe, das Regime in Südafrika sei das verwerflichste seit der Zeit der Nazis, und beabsichtige, ihm seinen Paß zu entziehen, sobald er nach Südafrika zurückgekehrt sei. Im Hauptquartier des britischen Rats der Kirchen wurde eine Pressekonferenz veranstaltet, auf der Bischof Tutu zu dieser letzten Maßnahme der Regierung gegen ihn Stellung nahm. Er sagte, er bedaure nichts, sondern habe nur von der Notwendigkeit friedlicher Veränderungen gesprochen, und dieser Versuch, ihn zum Schweigen zu bringen, sollte der Weltöffentlichkeit zeigen, auf welche Hindernisse er stieße, wenn er versuche mit denen zu sprechen, die nur daran interessiert seien, ihre Macht und ihre Privilegien zu bewahren.

Die Pressekonferenz fand in ganz nüchterner Atmosphäre statt, aber es entstand eine gewisse Spannung, als er gefragt wurde, welche Haltung er gegenüber den Insurgenten in Südafrika einnähme. Er erwiderte: »Ich möchte diese Frage an den Westen zurückgeben.« Wie könne man die französische Resistance loben oder Dietrich Bonhoeffer als einen Helden ansehen, weil er am Attentat auf Hitler beteiligt war, und plötzlich zum Pazifisten werden, wenn die Schwarzen zu den Waffen griffen? Viele dieser Kämpfer seien überzeugte Christen, und für sie sei der bewaffnete Widerstand der letzte Ausweg. Hatten nicht auch die Afrikaner, die Amerikaner und die Briten für ihre Freiheit gekämpft?

Während Tutu sich um eine friedliche Lösung der politischen Probleme in Südafrika bemüht, will er zugleich dem Westen bewußt machen, daß all jene, die im Kampf gegen das Apartheidssystem zu den Waffen greifen, von der breiten Masse der schwarzen Bevölkerung unterstützt werden. Die britische Presse zitierte ihn mit den Worten: »Die Guerillas sind unsere Kinder, unsere Brüder und unsere Schwestern.« Der Westen dürfe sie nicht im gleichen Licht sehen wie die Baader-Meinhof-Gruppe oder die Roten Brigaden, weil »es in ihren Ländern für diejenigen, die zur Waffe greifen, auch politische Institutionen gibt. In Südafrika gibt es das nicht.«

Doch Bischof Tutu hofft auch weiterhin, daß die Vernunft die Oberhand behält und daß die Regierung die verhafteten schwarzen Führer freilassen und mit ihnen eine gerechte politische Lösung aushandeln wird, welche die legitimen Forderungen der schwarzen Bevölkerung anerkennt. Wenngleich sich in den 1980er Jahren die Gegensätze in Südafrika zusehends verschärft haben und es zu gefährlichen gewalttätigen Auseinandersetzungen gekommen ist, besteht immer noch die Möglichkeit, eine von der Mehrheit getragene Regierung zu bilden, ohne daß es zu einer blutigen Konfrontation kommen muß, die weitere Tausende von Menschenleben fordern und schweres Leid und Rachegefühle zur Folge haben müßte. Wenn Tutu die internationale Völkergemeinschaft zu wirtschaftlichen Sanktionen aufruft, dann ist das ein Versuch, die Chancen für eine politische Lösung in Südafrika auf dem Verhandlungswege zu erhöhen, und wenn der Westen wünscht, daß in diesem Land eine demokratische Ordnung errichtet wird, dann *muß* er die zahlreichen Mittel anwenden, die ihm als Reaktion auf einen solchen Aufruf zur Verfügung stehen.

Wenn man daran denkt, welche Rolle die Kirche in der Vergangenheit immer wieder in der Gesellschaft gespielt hat – eine Rolle, die zu Exzessen wie den Kreuzzügen oder der Inquisition geführt hat –, dann ist es gut zu sehen, daß sich ein Teil der Kirche offen mit den Unterdrückten und Armen identifiziert und bereit ist, für die zu sprechen, die zum Schweigen verurteilt sind. In dem Bemühen Tutus spürt man, daß die Kirche zum Kern des Christentums zurückkehrt – daß sie in einer äußerst gespannten Lage die von Christus verkündeten ethischen Grundsätze anwendet und versucht, in

der Gesellschaft und in den Herzen der Menschen Raum für den Geist Christi als Friedensstifter und Versöhner zu schaffen. Weil er das Leben liebt und sich des menschlichen Potentials bewußt ist, wendet er sich von dem Kulturpessimismus ab, der dem Christentum in der Vergangenheit so sehr geschadet hat. In sozialem und psychologischem Sinne hat das Zeugnis Tutus in Südafrika für die Weltkirche Bedeutendes zu sagen, und die Erkenntnisse, die er im Hinblick auf Südafrika gewonnen hat, gelten sehr oft auch für die ganze übrige Welt.
Vielleicht hat er den Geist der Kirche der Zukunft erfaßt; mit seiner Botschaft gibt er den Menschen Hoffnung und vermittelt ihnen das Gefühl, das der Unterdrückte dem Mächtigen entgegenbringt, und zwar in der Überzeugung, daß Frieden und Versöhnung eher zu erreichen sind, wenn die Probleme ehrlich und offen angesprochen werden. In seinem Wirken zeigt sich eine Kirche, die sich aus der Verstrickung mit der politischen Macht gelöst hat, für Frieden, Gerechtigkeit und Gleichheit arbeitet und einen ganz konkreten und begrüßenswerten Beitrag zum Zusammenleben der Menschen in unserer Welt leistet.

John Webster
Mai 1986

Die politische Bedeutung der Kirche

Jesus Christus – ein Leben für andere

Zusammengestellt aus Predigten von Bischof Tutu in den Kathedralen von Johannesburg, Maritzburg und New York.

Der Gott, den wir verehren, ist in wunderbarer Weise transzendent – im Johannes-Evangelium wird das mit drei Worten gesagt: »Gott ist Geist.« Doch als dieser Gott entscheidend in die Geschicke des Menschen eingreifen wollte, kam er nicht als spirituelles Wesen. Er kam nicht als Engel. Nein, er nahm menschliche Gestalt an. Er kam als ein wirklicher Mensch mit einem Körper aus Fleisch und Blut–, seine Mutter wurde schwanger, und er wurde als hilfloses Baby geboren, das des Schutzes seiner Eltern bedurfte, die es ernähren, lieben und aufziehen mußten. Als man in den Palästen der Könige und der Mächtigen nach ihm suchte, fand man ihn nicht. Er wurde im Stall als einer der Niedrigen und Geringgeachteten geboren. Er arbeitete als Zimmermann in einem Dorf und wußte, was es für eine Mutter bedeutet, wenn sie ihre einzige Geldmünze verliert und das Haus bei Kerzenlicht sorgfältig ausfegt, bis sie die verlorene Münze findet und sich darüber freuen kann.

Könnten wir uns in die Zeit zurückversetzen, in welcher der Herr auf dieser Erde wandelte, und könnten wir die Leute fragen, »was für eine Art Mensch ist dieser Jesus?«, dann erhielten wir die verschiedensten Antworten. Einige würden sagen, »oh, er kann so schöne, aber sehr komische Geschichten erzählen – er ist eine wirklich beeindruckende Persönlichkeit«, oder »er ist sehr tapfer – er fürchtet sich nicht vor den Herrschenden.« Aber ich bin überzeugt, die meisten würden sagen: »Ich habe wirklich noch niemals einen Menschen gesehen, der so viel Mitgefühl für andere hat, besonders für Menschen in Not. Er hat sich um uns gesorgt, als wir in der Wüste waren und Hunger litten. Gott gab ihm die Macht, das Brot und die Fische zu vermehren, und er speiste uns. Seine Jünger hatten ihm gesagt, er solle uns hungrig fortschicken, und er hatte sich geweigert.« Nirgends hören wir, daß er einen Menschen in Not fortgeschickt hätte. Gleichgültig wieviel er zu tun hatte, er hat niemanden abgewiesen.

An dem priesterlichen Amt Jesu gibt es nichts, was man als überweltlich bezeichnen könnte. Die gesetzestreuen religiösen Führer seiner Zeit waren empört über sein Verhalten, weil er sich mit den sozialen und religiösen Parias abgab. Das religiöse Establishment sah in ihm einen jungen Emporkömmling ohne religiöse Schulung, der nicht zu Füßen eines angesehenen Rabbi gesessen hatte. Was aber noch schlimmer war, er stellte alles auf den Kopf, was sie für richtig hielten. Er richtete eine allgemeine Verwirrung an. Er hatte es gewagt, mit dem Zöllner Zachäus, der mit der römischen Besatzungsmacht zusammenarbeitete, zu Tisch zu sitzen, und hatte die Unverschämtheit besessen, ihn einen Sohn Abrahams zu nennen. Er hatte einen anderen Zöllner, Levi, sogar aufgefordert, ihm als Jünger zu folgen. Er hatte sich im Hause Levis zum Essen einladen lassen und, so unglaublich das klingen mag, dort mit dem Abschaum der Stadt an einem Tisch gesessen, mit Leuten, deren Umgang jeder anständige Mensch noch im Tode scheuen mußte, mit Dirnen, Sündern und Säufern. Und als die maßgebenden Leute, die Pharisäer und Sadducäer, die alles über Gott und die Religion wußten, ihn zur Ordnung riefen, störte es ihn nicht im geringsten. Nein, er sagte: »Die Starken bedürfen des Arztes nicht, sondern die Kranken.« Er sagte, er sei gekommen, die Verlorenen aufzusuchen. Und er behauptete sogar, daß diese Dirnen, diese Sünder eher in den Himmel kommen würden als die religiösen Lehrer und Führer. Jesus revolutionierte die Religion damit, daß er zeigte, daß Gott nichts auf das äußere Ansehen gab, sondern auf der Seite der von der Gesellschaft Ausgestoßenen stand. Er zeigte, daß Gott uns Sünder bedingungslos akzeptierte. Wir können unserem Herrn nicht den Vorwurf machen, für ihn sei die Religion eine Art Flucht vor der harten Realität des Lebens gewesen, wie die meisten Menschen sie erfahren. Was die Marxisten von der Religion behaupten, trifft auf ihn nicht zu. Er hat die Religion nie als Opium fürs Volk benutzt und ihm ein Paradies versprochen, in dem es die Erfüllung all seiner Wünsche finden werde. Er wußte, daß die Menschen die Befriedigung ihrer Bedürfnisse hier und jetzt suchen und nicht in einer fernen Zukunft. Ein Wohlleben nach dem Tode ist ohnedies eine Ungereimtheit. Nein, denn in seinem Gleichnis vom Jüngsten Gericht sagt er, welche Voraussetzungen wir erfüllen müssen, um in den Himmel zu kommen, und diese Kriterien haben nichts mit Dingen zu tun, die man im engen Sinne als religiös oder überweltlich bezeichnen könnte. Wir erwerben uns das Recht, in den Himmel aufgenommen zu werden, dadurch, daß wir die Hungrigen speisen, die Nackten kleiden und die Kranken und Gefangenen besuchen. Und Jesus sagte, was wir von diesen Diensten dem geringsten unter seinen Brüdern getan haben, das haben wir ihm getan.

Wir dürfen nie vergessen, daß Jesus ein Erbe der prophetischen Tradition war. Man kann keinen der großen Propheten lesen, ohne daß einem wenigstens eines auffällt: Sie alle verdammen jeden Gottesdienst als wertlose religiöse Übung, wenn wir die gesellschaftspolitischen Forderungen unserer Religion unbeachtet lassen. Sie erklären einen solchen Gottesdienst und eine solche Religiosität als etwas, das von Gott abgelehnt wird, und bezeichnen diese Haltung deshalb als Greuel. Für Jesus gehört alles Leben ebenso wie für sie Gott allein, sowohl in seinen weltlichen als auch in seinen religiösen Aspekten. Sie hätten uns ebenso wenig wie Jesus verstanden, wenn wir dieses Leben, wie das oft geschieht, in verschiedene Bereiche aufteilen.

Hören wir, was der Prophet Jesaja im 58. Kapitel, 1–8 zu sagen hat. Die gleiche Auffassung finden wir auch bei anderen Propheten.

> Rufe aus vollem Halse, halte nicht zurück! Gleich der Posaune erhebe deine Stimme und verkünde

meinem Volke seine Untreue und dem Hause Jakob seine Sünden! Denn mich suchen sie täglich und wünschen meine Wege zu wissen. Wie ein Volk, das Gerechtigkeit übt und das Recht seines Gottes nicht verläßt, fragen sie mich nach den Satzungen der Gerechtigkeit, lieben es, Gott sich zu nahen.

»Warum, so sprechen sie, fasten wir, und du siehst es nicht? Warum kasteien wir uns, und du beachtest es nicht?«

Siehe, an eurem Fasttag geht ihr dem Geschäfte nach, und alle eure Arbeiter drängt ihr. Siehe, ihr fastet zu Zank und Streit und zum Schlagen mit ruchloser Faust. Ihr fastet zur Zeit nicht so, daß eure Stimme in der Höhe gehört würde. Ist das ein Fasten das mir gefällt: Ein Tag, da der Mensch sich kasteit? Daß man den Kopf hängen läßt wie eine Binse und in Sack und Asche sich bettet – soll das ein Fasten heißen und ein Tag, der dem Herrn gefällt?

Ist nicht das ein Fasten, wie ich es liebe: Daß du ungerechte Fesseln öffnest, die Stricke des Joches lösest? Daß du Mißhandelte ledig läßest und jedes Joch zerbrichst? Daß du dem Hungrigen dein Brot brichst und Arme, Obdachlose in dein Haus führst? Wenn du einen Nackten siehst, daß du ihn kleidest und dich den Brüdern nicht entziehst?

Dann wird dein Licht hervorbrechen wie die Morgenröte und deine Heilung eilends sprossen; deine Gerechtigkeit wird vor dir hergehen, und die Herrlichkeit des Herrn wird deinen Zug schließen.

Jesus glaubte, er kämpfe im Namen Gottes gegen den Bösen, um das Reich Gottes zu errichten. Leiden, Hunger, Krankheit, Armut – alle diese Dinge waren Werke des Bösen. Gelegentlich bezeichnete er die Krankheit als eine Fessel – Satan hatte den kranken Menschen versklavt, weil er uns nicht die Freiheit gönnte. Und Jesus kam, um die Kranken zu heilen und zu erlösen.

Ebenso bedeutsam ist es, daß Jesus ein Mann des Gebets, ein Mann Gottes war. Die unauflösliche Gemeinschaft mit seinem Vater war der Kern seines Wesens. So können wir seinen verzweifelten Aufschrei verstehen, »Mein Gott, mein Gott, warum hast du mich verlassen?« als diese innere Verbindung mit Gott, dem Vater, durch unsere Sünde zeitweilig abgerissen war. Das Gebet und die Gemeinschaft mit dem Vater waren für ihn so lebenswichtig wie das Atmen. Wir sehen, wie er sich vierzig Tage in die Einsamkeit zurückzieht, um sich über seine Mission als Messias Klarheit zu verschaffen. Das Gebet und die Spiritualität waren der Mittelpunkt des Lebens unseres Herrn, und sein Leben war dem Menschen geweiht, weil er vor allem ein Mann Gottes war.

Die Kirche in der Welt

Auszüge aus einer Ansprache bei einer Versammlung aus einer Predigt in der St. Cyprians Kirche in Sharpeville.

Diese doppelte Aufgabe, die wir im Leben unseres Herrn erkennen, sollen auch wir übernehmen. Die Religion darf für uns nicht eine Art Escapismus sein. Wir dürfen uns nicht hinter unseren Gebeten verstekken, denn das kann keine authentische christliche Spiritualität sein. Aber ebenso dürfen wir uns nicht nur mit weltlichen Dingen und der Erfüllung unserer materiellen Pflichten zufriedengeben. Denn was tun wir dann anderes, als daß wir nur eifrig damit beschäftigt sind, unsere Probleme in Ordnung zu bringen?

Die Kirche Gottes muß das Salz und das Licht der Welt sein. Durch die Kraft Gottes sind wir die Hoffnung der Hoffnungslosen. Wir müssen eine Situation des Hasses und Mißtrauens, des Zerbrochenseins und der Trennung, der Furcht und der Verbitterung umgestalten. Wir haben keine andere Wahl. Wir sind Diener des Gottes, der über uns herrscht und für uns sorgt. Er ruft uns auf, die alternative Gesellschaft zu sein. Wo Härte und Gefühllosigkeit herrschen, müssen wir mitfühlend und liebevoll sein. Wo Menschen zu Nummern degradiert werden, müssen wir zeigen, daß sie für Gott einen unermeßlichen Wert bedeuten. Wo Habsucht und Eigennutz herrschen, müssen wir heute eine Gemeinschaft sein, die bereit ist, miteinander zu teilen.

Die Menschen fühlten sich nicht deshalb zur frühchristlichen Gemeinde hingezogen, weil dort etwas Neues gepredigt wurde, sondern weil sie die Christen als eine Gemeinschaft erlebten, die ein neues Leben führten, weil Gott etwas getan hatte, das ihnen wichtig erschien und alles auf eine neue Basis stellte. Sie erlebten hier eine Gemeinschaft, in der alle, die Armen und die Reichen, die Männer und die Frauen, die Freien und die Sklaven, die Jungen und die Alten in unglaublicher Liebe miteinander verbunden waren. Es war das christliche Leben, von dem diese Menschen lebendiges Zeugnis ablegten.

Auch wir sind als Gemeinschaft der Versöhnung eine vergebende Gemeinschaft derer, denen vergeben worden ist. Und brauchen wir das nicht in der heutigen Welt? Aber wie können wir behaupten, wir hätten das Heilmittel zur Beseitigung von Haß und Zwietracht in dieser Welt, wenn wir selbst als Christen in verschiedene Kirchen aufgespalten sind, wenn wir nicht vergeben wollen, wenn wir bestimmte Menschen nicht mehr grüßen oder nicht mehr mit ihnen sprechen? Die Leute werden mit Recht sagen können, »Arzt, heile dich selbst!« Wir müssen nicht nur von Vergebung und Versöhnung reden – wir müssen nach diesen Grundsätzen handeln.

Wir müssen Zeugnis ablegen durch unseren Dienst an anderen, dadurch daß wir auf alle mögliche Weise ihre Diener sind. In unserem Land, in Südafrika, muß die Kirche in Armut und Elend da sein, um den Kranken, den Hungrigen, den Aussätzigen, den Behinderten und den Nackten die Liebe und das Erbarmen Gottes zu bringen. Wir müssen verkünden, daß in einem Lande der Ungerechtigkeit und Unterdrückung, wo die Schwarzen eine unzureichende Erziehung genießen, wo sie gezwungen sind, in Bretterbuden zu wohnen, wo man ihnen nicht erlaubt, ihren Wohnort zu wechseln und wo sie Frauen und Kinder verlassen müssen, wenn sie in der Stadt arbeiten wollen – wir müssen verkünden, daß dies Gottes Welt ist. Er steht auf der Seite der Unterdrückten, der Armen, der Geächteten. Wir müssen diese Dinge sagen, auch wenn man uns dafür leiden läßt. Das ist keine Politik. Es ist das Evangelium Jesu Christi, des Erlösers, der uns frei machen wird. In diesem Lande werden diejenigen, die das sagen, ohne Gerichtsverfahren ins Gefängnis geworfen, wie es mit eurem neuen Rektor geschehen ist. Sie werden am Sprechen gehindert und mit dem Tode bedroht wie euer Pfarrer. Aber wir dürfen nicht schweigen, denn wenn wir schweigen würden, dann würden die Steine reden. Als bekannt wurde, daß Bischof Tutu heute hier predigen werde (in der St. Cyprians Kirche von Sharpeville), kam der Special Branch. Ihr habt diese Männer gesehen, als unsere Prozession durch diesen Stadtteil zog. Sie saßen in ihren Autos und beobachteten die Kirche Gottes. Laßt uns die Kirche Gottes sein und furchtlos sein Evangelium verkünden.

Die Identifizierung mit den Armen ist eine kostspielige Sache. Sie führt zu Verleumdungen und zur Ächtung. Christus mußte dafür nicht nur leiden, sondern schließlich sogar sterben. Wenn die Kirche eine dienende Kirche ist, dann wird sie auch eine leidende

Kirche sein. Das Leiden ist eine harte Tatsache, und die Menschen haben zu allen Zeiten versucht, diesem so sinnlos erscheinenden Leiden einen Sinn zu geben. Die Dualisten behaupten, es gebe zwei ewige Prinzipien; einen Gott der Güte, des Lichts und des Geistes, der mit einem Gott des Bösen, der Finsternis und der Materie kämpfte. Das Leiden entstand, weil unsere Welt die Arena dieses Konflikts war.

Die Hindus oder die Buddhisten sagen, das Leiden existiere in Wirklichkeit gar nicht, es sei eine Täuschung. Leider hilft es einem Menschen mit unerträglichen Zahnschmerzen nicht, wenn man ihm sagt, er bilde sich diese Schmerzen nur ein. Seit undenklicher Zeit wird auch behauptet: »Du leidest, weil du ein Sünder bist.« Doch Jesus hat das bestritten. Als er einen Blindgeborenen geheilt hatte, wurde er gefragt, ob der Blinde oder seine Eltern gesündigt hätten, und er antwortete, weder er noch seine Eltern hätten gesündigt.

Der Durchbruch in der biblischen Lehre kam, als man das Leiden als eine erlösende Kraft erkannte und nicht als etwas Vergebliches. Jesus Christus war die Erfüllung dieser Lehre. Er litt und starb für uns, überwand das Leiden und verlieh uns die gleiche Kraft. Solange er auf Erden weilte, tat er alles, um Schmerzen und Leiden zu lindern, aber er wußte, daß er selbst werde leiden müssen. Das gehört zum Wesentlichen des Christentums, denn er hat gesagt: »Wenn du nicht dein Kreuz aufnimmst und mir nachfolgst, kannst du nicht mein Jünger sein.« Eine reiche und selbstzufriedene Kirche kann nicht die Kirche Christi sein – eine

reiche Kirche, die ihren Reichtum für sich selbst verwendet.
Wir müssen alles in unserer Macht stehende tun, um das Leiden zu lindern. In diesem Südafrika des Reichtums und des Überflusses gibt es so viel zu tun, denn es gibt auch Unterernährung, Familien, die unter freiem Himmel auf den Bürgersteigen der Städte schlafen, nachdem sie aus einem Haus vertrieben worden sind, das hinter ihnen leersteht, nur weil sie die falsche Hautfarbe haben. Aber auch wenn wir alles, was in unseren Kräften steht, getan haben, wird es noch Leiden geben, das für uns ein Geheimnis bleibt. Wir wissen, daß unser Gott kein unnahbarer, mitleidloser Gott ist. Er ist in menschlicher Gestalt zu uns gekommen, er kennt unser Leid aus eigener Erfahrung und läßt sich von unseren Qualen anrühren.

Politik und Religion

Auszug aus einem Artikel in Kairos, der Zeitschrift des Rates südafrikanischer Kirchen, vom 23. Oktober 1978.

Es ist interessant, daß ein religiöser Führer, der ein besonderes politisches System unterstützt, fast niemals beschuldigt wird, sich in die Politik einzumischen. Aber wehe dem religiösen Führer, der die Unverfrorenheit besitzt, einen bestimmten politischen Status quo zu kritisieren. Er setzt sich der härtesten

Kritik aus, weil er sein Amt für politische Zwecke mißbraucht. Für uns sind es nicht politische Überlegungen, die unsere Haltung und unsere Handlungen bestimmen. Es ist einzig und allein unser christlicher Glaube, der unsere Einstellung zu gesellschaftspolitischen Fragen bestimmt. Wir fragen: Ist diese oder jene Maßnahme, politische Richtung oder Haltung mit unserem Verständnis der Lehren Jesu Christi vereinbar? In wie weit stimmt sie mit dem überein, was Er die Summe des Gesetzes genannt hat, mit der Liebe zu Gott und zu unserem Nächsten – und das sind die beiden Seiten derselben Münze?

Deshalb muß der Christ gegenüber allen politischen Systemen eine kritische Haltung einnehmen und sie stets an den Normen des Evangeliums messen. Maßt sich dieses System an, an die Stelle Gottes zu treten? Verlangt der Staat die absolute Loyalität, eine Loyalität, die ihn vergöttlicht? Dem Staat gebührt Gehorsam, solange er sich im Rahmen seiner legitimen Autorität hält, es gibt aber Umstände, unter denen der Bürger ihm den Gehorsam verweigern muß. Der Christ schuldet die absolute Loyalität und den unbedingten Gehorsam Gott allein und nicht einer Bewegung, einer Sache oder einem politischen System. Wenn bestimmte Gesetze den Forderungen des Evangeliums widersprechen, dann muß der Christ dazu aufrufen, diese Gesetze mit friedlichen Mitteln abzuschaffen.

Das Christentum kann niemals eine nur persönliche Angelegenheit sein. Eine christliche Haltung hat öffentliche Konsequenzen, und wir müssen Entscheidungen treffen, die sich öffentlich auswirken. Viele

Menschen glauben, Christen sollten neutral sein oder die Kirche müsse neutral sein. Aber in einer Lage wie in Südafrika, wo Ungerechtigkeit und Unterdrückung herrschen, ist die Entscheidung, keinen Widerstand zu leisten, eine Entscheidung für die Machthaber, für den Ausbeuter, für den Unterdrücker.

Gedanken zur Befreiungstheologie

Wenn man bisher von christlicher Theologie sprach, dann meinte man damit eine Theologie, wie sie in den großen Zentren des westlichen Christentums galt. Jeder glaubte, es handele sich hier um eine Theologie, wie sie im Vereinigten Königreich, in Nordamerika oder auf dem europäischen Kontinent, besonders in Deutschland, geschrieben, gelehrt oder diskutiert wurde. Kam man aus einem Land der Dritten Welt, dann wurde von einem erwartet, daß man die Schriften der Theologen studierte, die in diesen großen Zentren wirkten, wenn man künftig als Theologe anerkannt werden wollte.

Aber wir können feststellen, daß einige der besten Theologien nicht in der friedlichen Atmosphäre des Arbeitszimmers eines Universitätsprofessors oder als Ergebnisse seiner Spekulationen in einem Hochschulseminar entstanden sind, sondern in einer Situation, in der sie auf dem Amboß der Not, in der Hitze des Gefechts oder unmittelbar danach ausgehämmert worden sind. Allzu lange hat die westliche Theologie eine Allgemeingültigkeit beansprucht, die ihr nicht ohne weiteres zusteht. Christen haben festgestellt, daß sie Fragen beantworteten, die niemand stellte, der sich in einer anderen Situation befand. Es sind neue Theologien entwickelt worden, die sich mit den Fragen beschäftigen, welche die Menschen unmittelbar bedrängen. Deshalb gibt es heute in unserer Mitte die in Lateinamerika entwickelte Theologie der Befreiung und die in den Vereinigten Staaten und Südafrika entwickelte schwarze Theologie.

Die Schwierigkeit, mit der sie zu kämpfen haben, ist die folgende: Warum müssen gerade schwarze Menschen besonders leiden, und zwar nicht unter den Verfolgungen von Heiden und anderen Ungläubigen, sondern unter den Verfolgungen weißer Mitchristen, die sich zu dem gleichen Herrn und Meister bekennen? Noch vor wenigen Jahren war es üblich zu sagen, daß die Welt der Kirche ihre Aufgaben stellt. Das war eine heilsame Abwendung von unserer ungesunden Betonung des überweltlichen Bereichs. Bisher wollten sich die Christen in einem heiligen Getto verschanzen und nicht die Schreie der Hungrigen hören, nichts von der Not der Armen und Ausgebeuteten in dieser Welt wissen. Es bestand eine fast manichäische Furcht vor der real existierenden materiellen Welt, und die Christen waren aufgerufen, die Welt, das Fleisch und den Teufel kategorisch abzulehnen und sich ausschließlich auf eine zukünftige Welt zu konzentrieren. Doch diejenigen, die sich gegen diesen unbefriedigenden Zustand wehrten, erklärten, »Gott liebt nicht die Kirche, sondern die Welt«. Es war wichtig, sich auf diese Tatsache zu besinnen. Das war ein echter Fortschritt, und wir müssen dankbar dafür sein, daß es dazu gekommen ist. Und doch muß man befürchten, daß das Pendel der Reaktion zu weit ausgeschlagen sein könnte und das Kind mit dem Bade ausgeschüttet worden ist (um einen anderen Vergleich zu benutzen). Was ich unterstreichen möchte ist, daß wir in unserem Bemühen, der Welt den ihr gebührenden Wert zuzuweisen, die Kirche nicht verunglimpfen und entwerten dürfen.

Um einige ganz konkrete Beispiele zu nennen, möchte ich sagen, daß die Kirche Gottes in Südafrika die Hoffnung eines Volkes stärken muß, das beginnt den Mut zu verlieren, weil die Mächte dieser Welt zu stark geworden sind. Es hat nicht den Anschein, daß es ohne erhebliches Blutvergießen und Gewalt zu entscheidenden politischen Veränderungen kommen kann, und es scheint, daß sich Gott nicht um diese Leute kümmert oder dieser Entwicklung ohnmächtig zusehen muß. Die Kirche Gottes muß sagen, daß dies die Welt Gottes ist, auch wenn der äußere Anschein uns vom Gegenteil überzeugen will. Gott sorgt sich um uns und läßt uns nicht im Stich. Er ist der Gott eines im letzten Sinne moralischen Universums, das wir bewohnen, und es hat eine Bedeutung, ob Recht oder Unrecht geschieht, und die Auferstehung Jesu Christi verheißt uns, daß das Recht siegen wird. Güte und Liebe, Gerechtigkeit und Friede sind keine Illusionen. Ihre Verwirklichung ist kein Trugbild, das sich unserem Zugriff entzieht. Wir müssen sagen, daß Jesus Christus das Reich Gottes gegründet hat, und das ist ein Reich der Gerechtigkeit, des Friedens, der Liebe und des erfüllten Lebens; Gott steht auf der Seite der Unterdrückten, der an den Rand Gedrängten und Ausgebeuteten. Er ist ein Gott der Armen, der Hungrigen, der Nackten, mit denen sich die Kirche identifiziert und solidarisiert hat. Die Kirche in Südafrika muß die prophetische Kirche sein, die ruft, »so spricht der Herr«. Sie muß ihre Stimme gegen Ungerechtigkeit und Gewalt, gegen Unterdrückung und Ausbeutung und gegen alles erheben, was den Kindern Gottes ihre menschliche Würde nimmt und sie zu Geschöpfen macht, die einen geringeren Wert haben als den ihnen von Gott verliehenen.

Der Kampf um Gerechtigkeit in Südafrika

Die Krise und die Antwort darauf

Aus einem Aufsatz mit dem Titel »Südafrika in der Krise und unsere Antwort darauf als Kinder Gottes«.

Der Rat südafrikanischer Kirchen (South African Council of Churches SACC) hat warnend seine Stimme erhoben und erklärt, wenn es in der Republik nicht in absehbarer Zeit zu grundlegenden Veränderungen käme, würden diejenigen, die für friedliche Veränderungen arbeiteten, rasch diskreditiert werden. Viele Menschen würden in ihrer Verzweiflung zur Gewalt greifen, weil sie keine andere Möglichkeit mehr sähen. In dieser Lage bemühen wir uns im SACC immer noch um eine friedliche Lösung der Krise in unserem Land. Aber die Zeit arbeitet gegen uns. Es muß etwas geschehen, und zwar so bald wie möglich.

Aber eine Zeit der Krise ist nicht nur eine Zeit der Sorgen und Ängste. Sie gibt uns eine Chance, und wir haben die Möglichkeit, richtige oder falsche Entscheidungen zu treffen. Man muß entscheiden, in welche Richtung man gehen will. Es besteht in unserem Land die Möglichkeit, den Weg zu wählen, der zu einer neuen und offeneren Gesellschaft führt – zu einer Gesellschaft, die gerechter ist und in der es auf die Menschen ankommt, weil sie nach dem Bilde Gottes geschaffen worden sind. Aber ebenso ist es möglich,

den Weg zu wählen, der zu unserem Untergang führt, weil es der Weg der Ungerechtigkeit und der Unterdrückung ist. Und wir glauben, wenn wir in unserem geliebten Land keine echte Chance haben, werden wir ein Blutbad erleben.
Wir wollen diese schreckliche Alternative abwenden. Wir im SACC sind entschlossen, für Gerechtigkeit und Frieden zu arbeiten! Wir fühlen uns der Versöhnung verpflichtet. Wir glauben, die Kirchen können zeigen, für welche Art Gesellschaft wir arbeiten – eine mitfühlende Gesellschaft, die den Menschen dient, wo der einzelne zählt, weil er ein menschliches Wesen ist, und nicht wegen seiner Hautfarbe oder seiner Rasse. In einigen unserer Kirchen geschieht das bereits. In der St. Mary's Cathedral in Johannesburg besteht die Gemeinde aus schwarzen und weißen Gläubigen unter der Führung eines schwarzen Dekans. Im SACC haben wir Mitarbeiter aller Rassen; Schwarze, Weiße und Braune, und alle arbeiten harmonisch zusammen. So könnte es in ganz Südafrika sein. Ich bitte euch, rückt ab vom Rande des Abgrundes. Gott gibt uns vielleicht unsere letzte Chance.

Das südafrikanische Problem und der Protest der Schwarzen

Aus einer Ansprache an der Universität von Witwatersrand.

Das Problem in Südafrika hat etwas mit der politischen Macht im Verhältnis des weißen und des schwarzen Bevölkerungsteils zu tun. Als die Afrikaner 1948 an die Macht kamen, schufen sie Gesetze oder sorgten für die strikte Befolgung anderer, welche die Herrschaft der weißen Minderheit für die Schwarzen noch unannehmbarer machten. Keine oder nur sehr wenige Weiße lehnen die Herrschaft der weißen Minderheit so entschieden ab wie die sogenannte schwarze Mehrheitsherrschaft. Aber darin besteht das Wesen der Demokratie, und der oft geschmähte ehemalige Terrorist Mugabe, der von uns verehrte heutige Premierminister Mr. Mugabe, hat bewiesen, was Schwarze leisten können und wie großherzig sie sind. Er ist kein Rassist.

Schwarze haben aus tiefstem Herzen das System der Herrschaft der weißen Minderheit verabscheut und verabscheuen es noch heute. Sie sind entschlossen, dieses System zu ändern oder zu vernichten. Sie haben seit Beginn dieses Jahrhunderts gegen die groben Ungerechtigkeiten protestiert, die sie erleiden mußten. Sie haben ihre Vertreter ins Ausland geschickt; sie haben mit den Regierungen in Südafrika gesprochen; sie haben Petitionen unterschrieben; sie haben Protestmärsche veranstaltet; sie haben zu Gerechtigkeit und

Fairneß aufgerufen und zur Beseitigung der strukturellen Gewalt. Sie haben gegen niedrige Löhne und die Paßgesetze protestiert, sie haben sich an den einflußlosen, von der Regierung eingerichteten Marionetteninstitutionen beteiligt in der Hoffnung, daß ihre Bereitschaft zur Zusammenarbeit der Regierung ihre Aufrichtigkeit beweisen und damit zu einem besseren Verständnis ihrer verzweifelten Lage führen werde. Doch das alles scheint vergeblich gewesen zu sein. Der am besten organisierte Massenprotest, an dem Schwarze teilgenommen haben, war die Kampagne für den passiven Widerstand in den 1950er Jahren, als die schwarze Bevölkerung bewußt gegen unmoralische und diskriminierende Gesetze verstieß. Das führte immer wieder zu Protesten gegen die Paßgesetze, deren Höhepunkt am 21. März 1960 mit dem Massaker von Sharpeville erreicht wurde. Mit Entsetzen nahm die Welt Kenntnis davon, daß friedlich demonstrierende Schwarze so grausam und rücksichtslos hingemäht werden konnten. Viele wurden in den Rücken geschossen, und zu keiner Zeit waren die an der Schießerei beteiligten Polizisten gefährdet.

Heute ist das Teil unserer Geschichte, für immer in unser Gedächtnis eingegraben und in die schwarze Psyche eingebrannt. Nach dem Vorbild der Widerstandsbewegung der Afrikaner gegen die Briten erlebt auch die schwarze Protestbewegung eine Eskalation. Nachdem Appelle und mündliche Proteste ihre Wirkung verfehlt haben, wächst der Abstand zwischen Schwarzen und Weißen. Wir haben gesehen, wie sich die schwarze Bevölkerung in der Black Consciousness-

Bewegung von den Weißen distanzierte, in einer Bewegung, die bei den Bemühungen um eine echte Aussöhnung eine absolut entscheidende Rolle spielt.
Und so erlebten wir im Juni 1976 die Unruhen von Soweto. Die Afrikaner, die sich einst gegen die Einführung der englischen Sprache gewehrt hatten, wollten nun den Schwarzen das Afrikaans aufzwingen, die es zu recht oder zu unrecht als die Sprache des Unterdrückers ansehen. Es kam zu einer Explosion, auf die Südafrika nicht vorbereitet war, nicht einmal die Polizei, die unsere Gesellschaft mit verächtlichen Kreaturen, den sogenannten Informanten, unterwandert hatte. Nach dem 16. Juni 1976 wurden unsere weißen südafrikanischen Mitbürger von Panik ergriffen. Sie fürchteten, es werde zu entscheidenden gewalttätigen Auseinandersetzungen kommen. Die Waffengeschäfte waren in wenigen Tagen ausverkauft.
Das Afrikaans war das Symbol für ein ganzes System der Unterdrückung, der Ungerechtigkeit und der Ausbeutung. Billige Arbeitskräfte, die Zerstörung des Familienlebens der Schwarzen, überfüllte Eisenbahnen und Omnibusse, schäbige Hütten in den trostlosen, von Smog durchzogenen Townships (in denen es an den elementarsten Einrichtungen fehlte, die in anderen Wohngebieten eine Selbstverständlichkeit waren), ein Erziehungssystem, das dem der anderen Volksgruppen bewußt unterlegen war – all das und noch mehr wurde durch die zwangsweise Einführung des Afrikaans symbolisiert. So ging Südafrika in Flammen auf.
Aber auch jetzt hat sich nicht viel geändert. Die Empö-

rung der schwarzen Bevölkerung wächst. Die Schwarzen werden aus ihren bisherigen Wohngebieten ausgewiesen und irgendwo anders untergebracht – aus den Augen, aus dem Sinn. Sie hungern in einem Land, das sich rühmt, Zambia mit Lebensmitteln zu versorgen, und ihr Hunger ist Teil der Lösung der politischen Krise in Südafrika, der sogenannten Lösung, die darin bestehen soll, daß es keine schwarzen Südafrikaner mehr gibt.

Deshalb haben viele Schwarze gesagt: »Wir geben auf. Wir haben es mit allen friedlichen Mitteln versucht und sind gescheitert. Unser letztes Mittel ist es, für das Recht ein Mensch zu sein zu kämpfen, für das Recht, ein Südafrikaner zu sein.« Und so steht Südafrika wieder vor einem Bürgerkrieg. Die Voortrekkers protestierten, dann distanzierten sie sich, und schließlich kämpften sie. Die Schwarzen haben protestiert, sie haben sich distanziert, und jetzt kämpfen einige von ihnen. Die Weißen haben Boys an der Grenze; die Schwarzen haben Boys auf der anderen Seite.

Was wir sagen, ist folgendes: Es ist wahrscheinlich gerade noch Zeit für eine vernünftige friedliche Bewältigung unserer Krise. Noch erklären wir laut, daß wir uns der Gerechtigkeit, der Versöhnung und dem Frieden verpflichtet fühlen. Wir strecken immer noch die Hand zur Versöhnung aus und sagen unseren weißen Mitbürgern, »ergreift sie, laßt uns miteinander reden, solange es noch Zeit ist. Wenn es uns gelingt, mit dieser Krise fertig zu werden, dann können wir als schwarze und weiße Südafrikaner gemeinsam zum Wohle Afrikas und der übrigen Welt einen gewaltigen

Beitrag leisten. Gott hat uns mit einem wunderbaren Land gesegnet, das groß genug ist, uns allen, Schwarzen und Weißen, ein gutes Auskommen zu sichern.« Wenn die Regierung jedoch entschlossen ist, Südafrika zu balkanisieren und den Schwarzen die Bürgerrechte zu verweigern, dann wird es keine friedliche Lösung geben, denn damit erklärt uns die Regierung den Krieg. Was sollen die Schwarzen in einer solchen Lage tun? Die Hände falten?

Eine an die weißen Studenten gerichtete Herausforderung und Einladung

Während eine immer größere Zahl von Studenten sich an dem Ringen um gesellschaftliche Veränderungen beteiligt, geben sich immer noch viele damit zufrieden, ihre ungerechtfertigten Privilegien zu genießen. Diese an sie gerichtete Herausforderung mit der vorangehenden Analyse der Lage in Südafrika war Inhalt einer Ansprache am 18. März 1980 vor Studenten an der Witwatersrand Universität während einer Konferenz des Student Representative Council's Academic Freedom Committee.

Ist dieses gegenwärtige Südafrika das, was Sie für Ihre Kinder wünschen, ein Südafrika der Rassentrennung, wo in Wirklichkeit niemand frei ist? *Sie* leiden ebenfalls unter der Rassendiskriminierung, und Ihre Rechte sind eingeschränkt, weil Sie nicht den Nachbarn haben dürfen, den Sie sich wünschen. Sie haben keine freie Wahl. Sie dürfen nur Angehörige für Sie bestimmter Rassen heiraten. Sie dürfen nicht offen Ihre Meinung sagen. Was wissen Sie wirklich über den Kommunismus oder den Marxismus? Die South African Broadcasting Corporation (SABC), die Sie ständig falsch informiert, nimmt eine Gehirnwäsche bei Ihnen vor, denn sie ist das Propagandaorgan der nationalistischen Partei. Und Sie sitzen da und unternehmen nichts dagegen.

In Ihrem Namen sind noch nach fünfzehn Jahren Menschen auf die Robbeninsel verbannt worden. Sie kommen aus dem Gefängnis, wo sie sich wohl kaum subversiv haben betätigen können, und werden dann für weitere fünf Jahre verbannt, um auf eigene Kosten als Gefangene zu leben. Und Sie sitzen da, tun nichts dagegen und verlieren kein Wort darüber. Sie sind zu sehr damit beschäftigt, akademische Grade zu erwerben, um sich anschließend an der Pöstchenjägerei beteiligen zu können. Doch all das wird in Ihrem Namen getan, im Namen der christlichen Zivilisation und des freien Unternehmertums. In Ihrem Namen werden Menschen in Gefängnisbaracken gesperrt, weil sie als Pazifisten jeden Krieg ablehnen. Ihnen macht das alles nichts aus. Sie legen sich nach einer reichlichen Mahlzeit befriedigt in ein weiß bezogenes Bett und sagen und tun nichts gegen eine Regierung, die den Menschen das Recht auf Wehrdienstverweigerung aus Gewissensgründen verweigert. Südafrika ist das einzige Land in der sogenannten freien Welt, das die Wehrdienstverweigerung aus Gewissensgründen nicht zu-

läßt. Ein Priester wird zu einer harten Gefängnisstrafe verurteilt, weil er an einer Kirchenkonferenz teilgenommen hat, und Sie sagen und tun nichts dagegen. Schwarze Menschen werden wie eine Viehherde von einem Ort zum anderen getrieben, weil Sie Ihre Identität wahren und Ihre Privilegien behalten wollen, und Sie leben weiter, als sei nichts Ungewöhnliches geschehen. *Alle diese teuflischen Maßnahmen werden in Ihrem Namen ergriffen.* Sogar nach dem Massaker von Sharpeville und den Unruhen in Soweto scheinen Sie ganz zufrieden mit der Lage in Südafrika zu sein, denn Sie sagen und tun praktisch nichts.
Wir haben uns der Befreiung der Schwarzen verpflichtet, und damit tragen wir auch zur Befreiung der Weißen bei. Sie werden niemals frei sein, bevor wir Schwarzen frei sind. Deshalb beteiligen Sie sich am Befreiungskampf. Erwachen Sie aus Ihrer Lethargie und der Teilnahmslosigkeit des Überflusses. Arbeiten Sie dafür, daß es für uns alle und für unsere Kinder ein besseres Südafrika gibt. Rotten Sie alles Unrecht der Unterdrückung aus, deren Opfer die Schwarzen und deren Nutznießer Sie, die Weißen, sind, denn sonst werden Sie, die den Wind gesät haben, den Sturm ernten. Schließen Sie sich den Siegern an. Unterdrükkung, Ungerechtigkeit und Ausbeutung werden unterliegen, denn Gott ist auf »unserer Seite«, auf der Seite der Gerechtigkeit, des Friedens, der Versöhnung, des Lachens und der Freude, des miteinander Teilens, des Mitleids, der Güte und der Rechtschaffenheit.
Der Heilige Paulus fragt: »Wenn Gott für uns ist, wer kann gegen uns sein?«

An die weißen Südafrikaner

Die beiden folgenden Appelle an die Weißen in Südafrika und an die Medien sind einer Ansprache mit dem Titel »Veränderung oder Illusion« entnommen, die Bischof Tutu am 10. März 1980 auf einer Black Sash Konferenz gehalten hat.
Percy Qoboza ist der ehemalige Redakteur der führenden schwarzen Zeitung in Südafrika, The World, die von der Regierung verboten wurde. Dr. Motlana ist ein führender Bürgerrechtler in Soweto.

Allen weißen Südafrikanern sage ich – bringen Sie Ihre Bereitschaft, die Verhältnisse zu verändern, dadurch zum Ausdruck, daß Sie sich mit einer Umverteilung des Reichtums einverstanden erklären, mit einer gerechteren Verteilung der Reichtümer unseres Landes. Seien Sie bereit, freiwillig auf einen Teil Ihres sehr hohen Lebensstandards zu verzichten. Ist es nicht besser, freiwillig einen geringen Teil aufzugeben und sich damit an einer auf friedliche Weise herbeigeführten Veränderung der Lage zu beteiligen – an der gerechten Aufteilung der politischen Macht –, als erleben zu müssen, daß das gleiche mit Blutvergießen und Chaos erkauft werden muß, wobei Sie alles verlieren werden? Ändern Sie Ihre Haltung. Erkennen Sie, daß Schwarze menschliche Wesen sind und daß wir nur als solche behandelt werden wollen. Alles, was Sie für sich verlangen, verlangen auch wir für uns und für unsere Kinder – ein normales Familienleben, wo der Mann mit

Frau und Kindern zusammenlebt, angemessene Unterkünfte und ein angemessenes, freies Erziehungssystem im Rahmen der allgemeinen Schulpflicht für unsere Kinder.
Heute sind alle schwarzen politischen Führer, die als solche vom schwarzen Bevölkerungsteil anerkannt werden, gesprächsbereit. Es hat keinen Sinn, eine Scharade mit Führern aufzuführen, die von den meisten Schwarzen abgelehnt werden. Bedenken Sie, wie es Bischof Muzorewa gegangen ist. Unsere wirklichen Führer sind durchaus vernünftig, und damit meine ich auch die Männer auf der Robbeninsel und im Exil. Percy Qoboza hat darauf hingewiesen, daß dies die letzte Generation sei, die sich bereitfinden wird zu verhandeln. Ich bitte Sie, lassen Sie uns miteinander reden, solange wir es können, solange noch die Aussicht auf eine friedliche Evolution besteht, die zu einer Gesellschaft führt, der wir alle angehören. Ich fühle mich verpflichtet, diese Bemühungen zu unterstützen. Aber wenn Sie hören, was über Leute wie Dr. Motlana, Percy Qoboza oder mich geredet wird, dann kann man verstehen, daß Sie glauben, wir seien hitzköpfige radikale Marxisten, die Sie mit in Rußland hergestellten Waffen bedrohen.

An die südafrikanische Rundfunkgesellschaft

Ich habe nicht die Hoffnung aufgegeben, daß die South African Broadcasting Corporation (SABC) als ein Himmelsgeschenk uns dabei helfen könnte, die Haltung der Menschen in Südafrika zu verändern und den Weg für einen Wandel zu ebnen. Wenn die SABC aufhören wollte, sich als Propagandaapparat mißbrauchen zu lassen, dann könnte sie damit beginnen, den weißen Bevölkerungsteil auf einen solchen Wandel vorzubereiten. Ihre Reporter dürften sich dann nicht mehr so nachgiebig und unterwürfig zeigen, wenn sie maßgebende Politiker interviewen, und sie dürften nicht mehr so ablehnend und grob mit den Kritikern dieses verabscheuungswürdigen Systems umgehen. Wie ich höre, hat die SABC zu den Äußerungen eines Polizeirichters und des Bischofs Mokoena über meinen Charakter Stellung genommen. Dabei hat man es nicht für notwendig gehalten, meine Argumente anzuhören, weil, wie Percy Qoboza sagt, die Reporter der SABC Experten auf dem Gebiet des Charaktermordes sind und es ihnen schwerfällt, die Wahrheit zu erkennen, auch wenn sie ihnen ins Gesicht starrt. Ich möchte der SABC dringend empfehlen, sich an die Wahrheit zu halten und die Propaganda dem parteipolitischen Apparat zu überlassen. Menschen werden aus ihren Stellungen entlassen, weil sie wahrheitsgetreue Berichte über die Verhältnisse im Baragwanath-Krankenhaus oder in Soweto geschrieben haben. »Was man nicht sieht, existiert nicht, und wenn man etwas lange genug ignoriert, dann verschwindet es« – das scheint das Motto der SABC zu sein. Das muß sich ändern, denn nur dann kann die Rundfunkgesellschaft dazu beitragen, daß sich in Südafrika etwas ändert.

Der Rat südafrikanischer Kirchen – unsere Arbeit an der Basis

Die letzten Kapitel dieses zweiten Teils behandeln einige Aspekte der Arbeit des SACC; seine Bemühungen um die Beachtung der Menschenrechte, die Art, in der die nationalistische Regierung auf das politische Wirken des SACC reagiert und wie Bischof Tutu die Haltung des Rates rechtfertigt. Die Beziehungen zwischen dem SACC und der Regierung befanden sich im Oktober 1979 zweifellos auf einem Tiefpunkt.

Wir im SACC glauben an ein nicht rassistisches Südafrika, wo die Menschen etwas gelten, weil sie nach dem Bilde Gottes geschaffen sind. Der SACC ist daher weder eine schwarze noch eine weiße Organisation. Er ist eine christliche Organisation und setzt sich entschieden für die Unterdrückten und Ausgebeuteten in unserer Gesellschaft ein. In gewisser Weise sind wir, die in den Büros des SACC arbeiten, die ersten Früchte dieses neuen Südafrika. Bei uns sind fast alle Rassen in Südafrika vertreten, und diese Menschen gehören den meisten christlichen Konfessionen an. Sie arbeiten unter der Leitung eines schwarzen Generalsekretärs als Team zusammen. Soweit ich das feststellen kann, geht die Sonne immer noch im Osten auf und im Westen unter, und ich habe nicht bemerkt, daß der Himmel eingestürzt ist, weil Weiße Anweisungen Schwarzer entgegennehmen mußten. Das sind keine Schwarzen oder Weißen. Nein, es sind Wolfram, Thom, Anne, Margaret und Bischof Tutu.

Das Evangelium Jesu Christi lehrt uns, daß die wirkliche Macht nicht bei den Mächtigen liegt, sondern bei den Ohnmächtigen, die Ihm besonders am Herzen liegen. Unser Herr ruft uns durch sein Beispiel dazu auf, für die Gefangenen, die Armen und Unterdrückten, die Heimatlosen und Geächteten zu arbeiten. Die Dependants Conference (ein Zusammenschluß der Familienangehörigen) – DC – ist eine Abteilung des SACC. Sie dient den Verbannten, Untersuchungshäftlingen, politischen Gefangenen und ihren Familien. Sie ist verantwortlich für die Unterstützung von Personen, die nicht in der Lage sind, ihre Familien zu ernähren, weil sie eingesperrt oder in die Verbannung geschickt worden sind. Die DC versorgt gegenwärtig siebenhundert Familien politischer Gefangener und verfügt über ein Jahresbudget von etwa siebenhunderttausend Rand (diese Zahlen gelten für das Jahr 1979). Die DC ermöglicht es den Angehörigen, die auf die Robbeninsel Verbannten zu besuchen. Sie können sich vorstellen, was der Besuch der Ehefrau oder anderer naher Angehöriger für einen Menschen bedeutet, der zu mindestens fünf Jahren oder sogar lebenslänglicher Verbannung verurteilt ist. Die Großzügigkeit der

Diözese von Kapstadt hat es der DC ermöglicht, ein Gästehaus für die Unterbringung dieser Besucher zu mieten, die aus dem ganzen Land und aus Namibia dorthin kommen. Während ihres Aufenthalts dürfen sie die Gefangenen gewöhnlich zweimal besuchen – zwei Besuche im Laufe eines ganzen Jahres.

Jesus hat gesagt, als ich im Gefängnis war, hast du mich besucht – dieser Gedanke steht hinter unserer Arbeit. Die DC bemüht sich auch darum, die entlassenen politischen Gefangenen wieder in die Gesellschaft einzugliedern, indem sie ihnen die Mittel zur Verfügung stellt, sich selbständig zu machen, oder ihnen zu einer Arbeitsstelle verhilft. So haben wir zum Beispiel einem Mann geholfen, der sieben Kinder hatte. Als er starb, haben wir seine Familie auch weiterhin unterstützt. Dann starb die Witwe, und jetzt sind die sieben Waisenkinder ganz auf die Hilfe der DC angewiesen. Es ist doch eigenartig, daß der SACC gerade wegen dieser Arbeit, die wir aus Gehorsam gegenüber unserem Herrn tun, verurteilt wird.

Im Juni 1976 wurde der Asingeni Fund gegründet, um Familien zu unterstützen und die Beerdigungskosten für sie zu übernehmen, die nach den Unruhen in jenem Jahr in Not geraten waren. Der größte Teil dieser Gelder ist dazu verwendet worden, die Anwaltskosten zu bestreiten. Wir stellen uns nicht unbedingt auf die Seite der Beschuldigten und billigen nicht die ihnen zur Last gelegten Verbrechen, aber wir glauben an die Richtigkeit des Grundsatzes, daß jeder das Recht auf eine möglichst wirksame Verteidigung hat. Wir sorgen für die Durchführung eines ordentlichen Gerichtsverfahrens und verdienen damit die Anerkennung der Öffentlichkeit, nicht aber die Verleumdung. Über unsere Arbeit gibt es eine beachtenswerte Statistik. In den Fällen, in denen wir den Beschuldigten die Strafverteidiger zur Verfügung gestellt haben, wurden siebzig bis fünfundsiebzig Prozent Freisprüche erzielt. Wo die Angeklagten sich selbst verteidigen mußten, gab es bis zu achtzig Prozent Verurteilungen. Kürzlich wurde ein Mann, der zu zwölf Jahren Verbannung auf der Robbeninsel verurteilt worden war, in einem Berufungsverfahren freigesprochen, das ein vom SACC zur Verfügung gestellter Anwalt beantragt hatte. Schon ein derartiger Fall rechtfertigt die Fortsetzung dieser Arbeit.

Ist es übertrieben oder melodramatisch zu sagen, man geriete als Christ in Südafrika immer leichter in Konflikt mit den Strafgesetzen? Nun, man versuche nur, einen sogenannten illegalen Schwarzen anzustellen (jemanden, der keinen Paß besitzt oder keine Arbeitserlaubnis für ein bestimmtes Stadtgebiet). Es wird einem gesagt, es sei besser, wenn die Arbeitslosenzahlen anstiegen – wenn man die Menschen in den Umsiedlungslagern auf den Abfallhaufen wirft. Was unternimmt die Kirche Gottes dagegen? Was tun wir angesichts dieser Verhältnisse? Ich glaube, wir sollten den Menschen, denen zwangsweise bestimmte Wohngebiete angewiesen worden sind, sagen, daß sie diese Anweisungen nicht befolgen sollen, und wir sollten sie unterstützen, auch wenn das Konsequenzen hat. Ich glaube, die Kirchen sollten eine massive Unterstützungskampagne in Gang bringen durch die Verweigerung der Zusammenarbeit bei der Durchsetzung amo-

ralischer, unchristlicher und ungerechter Gesetze. Vielleicht sollte ich sagen, daß die Kirchen zuerst die Regierung auffordern müssen, alle Zwangsumsiedlungen zu unterlassen, und mit der Kampagne erst beginnen sollten, wenn die Regierung dieser Aufforderung nicht gefolgt ist.
Der SACC nimmt nicht immer eine negative und kritische Haltung gegenüber den Behörden ein. Wir haben die Regierung bei manchen Gelegenheiten beglückwünscht. So haben wir Mr. Botha für seinen Mut gelobt und Dr. Koornhofs Verhalten bei den Entscheidungen über Crossroads und Alexander Township anerkannt. Doch der gleiche SACC kann deswegen nicht als gefälliger Diener der nationalistischen Regierung bezeichnet werden. Seit 1978 sind wir regelmäßig von Ministern und weniger hohen Beamten angegriffen worden. 1978 hat der damalige Justiz- und Polizeiminister, Mr. Kruger, das mit Nachdruck getan. Sein Nachfolger, Mr. Schlebusch, hat den SACC nachdrücklich gewarnt, nachdem sich die nationale Konferenz unserer Organisation 1979 dafür aussprach, all jene zu unterstützen, die sich veranlaßt sehen, Gesetze zu mißachten, die dem Gesetz Gottes widersprechen. Noch im gleichen Jahr griff der neue Minister für Gefängnisse und Polizei, Mr. Le Grange, den SACC mit äußerster Schärfe an. Der Höhepunkt kam im Mai 1980, als der Premierminister den SACC beschuldigte, die Unruhe im Lande zu schüren und diese Kampagne mit Geldern zu finanzieren, die er hauptsächlich aus Übersee erhalten hatte. Im September 1979 wurde ich zu einer Besprechung mit Mr. Schlebusch und Dr.

Koornhof gebeten, die mich aufforderten, meine in Kopenhagen abgegebene »Kohlenerklärung« zu widerrufen und mich dafür zu entschuldigen. Ich weigerte mich, das zu tun. Im Februar 1980 wurde mein Paß eingezogen. Damit sollte ich höchstwahrscheinlich für den Auftritt in Dänemark bestraft werden.

Andere Kirchenführer haben uns im allgemeinen unterstützt und den falschen Beschuldigungen gegen uns widersprochen. Aber oft hatte es den Anschein, als arbeiteten wir in einem Land hinter dem Eisernen Vorhang. Doch nicht nur die Regierung beschäftigte sich mit uns, sondern wir wurden auch von der scheinheiligen »christlichen Liga Südafrikas« angegriffen, einer Organisation, die von unserem unglaubwürdigen Informationsministerium vorgeschoben und bis Ende 1979 von der Regierung finanziert wurde. Doch jedesmal, wenn der SACC von der Regierung oder anderen angegriffen wurde, haben wir uns entschieden gegen die vorgebrachten Beschuldigungen gewehrt.

Zur Verteidigung des SACC

Es folgt der Text einer Presseerklärung vom 11. Oktober 1979 nach dem von Mr. Le Grange gegen den SACC geführten Angriff.

Mr. Louis Le Grange wird in Zeitungsberichten mit schwerwiegenden Beschuldigungen gegen den SACC

zitiert. Meine Erwiderung gründet sich auf diese Berichte, die, wie wir hoffen, zutreffend wiedergeben, was der Minister gesagt hat.
Wenn diese Berichte den Tatsachen entsprechen, kann ich nur sagen, daß ich zutiefst schockiert bin, entsetzt darüber, daß jemand, der eine so verantwortungsvolle Position innehat, sich so verantwortungslos, tendenziös und wahrheitswidrig äußern konnte. Es ist sehr bedauerlich festzustellen, daß er die gleiche Tonart anschlägt wie sein Vorgänger und Erklärungen abgibt, in denen der SACC und die Kirchen zum Beispiel mit der Kommunistischen Partei in Verbindung gebracht werden, um ihnen auf diese Weise ein schuldhaftes Verhalten anzukreiden.
Ich möchte kategorisch erklären, daß ich die Apartheid für schlecht und unmoralisch und deshalb für unchristlich halte. Kein mir bekannter Theologe wird bereit sein zu sagen, daß das Apartheidssystem mit dem Evangelium Jesu Christi vereinbar ist. Wenn Mr. Le Grange glaubt, Schwarze würden *nicht* ausgebeutet, unterdrückt und ihrer Menschenrechte und Menschenwürde beraubt, dann fordere ich ihn auf, nur einen einzigen Tag schwarz zu sein. Dann würde er hören, wie Mr. Arrie Paulus sagt, er sei ein Pavian, und wie ein höherer Polizeioffizier sagt, er sei von Natur aus gewalttätig. Er würde sich der Tatsache bewußt werden, daß die schwarzen Menschen im Land ihrer Geburt, wo sie achtzig Prozent der Bevölkerung ausmachen, nur dreizehn Prozent des Bodens besitzen, während die weiße Minderheit mit etwa zwanzig Prozent Eigentümer von siebenundachtzig Prozent des

Bodens ist. In diesem Lande kann ein achtzehnjähriger Weißer wählen, aber ein Schwarzer hat, selbst wenn er Universitätsprofessor oder Bischof ist, kein Wahlrecht. Ein schwarzer Arzt mit den gleichen Qualifikationen wie sein weißer Kollege wird für die gleiche Arbeit schlechter bezahlt. Ist es schon vorgekommen, daß die Häuser von Weißen abgerissen worden sind und daß man sie dann in ein unwirtliches Gebiet umgesiedelt hat, wo sie in Zelten leben müssen, bis sie sich selbst neue Häuser gebaut haben? Das ist in der vergangenen Woche mit den Angehörigen des Stammes Batlokwa geschehen. Ich bezweifle, daß der Minister dann noch sagen könnte, die Apartheid sei kein unchristliches und ungerechtes System, das den Schwarzen die Menschenrechte verweigert.

Ich bedauere, daß er den Kirchen vorwirft, Propaganda zu treiben. Zum Glück kann man den Kirchen nicht vorwerfen, sie hätten vierundsechzig Millionen Rand verwendet, um eine unverkäufliche Ware zu verkaufen. (Siehe Vorbemerkung zum 27. Kapitel in Teil drei.)

Unser Beschluß, Gott mehr zu gehorchen als den Menschen, wurde auf einer Konferenz verantwortungsbewußter Männer gefaßt. Das waren keine radikalen sogenannten Linken, sondern Kirchenführer und demokratisch gewählte Kirchenvertreter. Der SACC und die Kirchen behalten sich das Recht vor, wenn es notwendig ist, jedes Gesetz zu verurteilen, das dem christlichen Gewissen widerspricht und eine Aufhebung von Recht und Gesetz darstellt. In diese Kategorie gehören mit Sicherheit Gefängnisstrafen, die ohne Gerichtsverfahren verhängt worden sind, und das willkürliche Verbannen von Personen in unbewohnbare Gebiete, und wir sind nicht bereit, uns dafür zu entschuldigen, daß wir solche Übergriffe aufmerksam beobachten.

Weiß der Minister, was er sagt, wenn er den SACC und die Kirchen eines Verbrechens beschuldigt, wenn sie politischen Häftlingen helfen und den Beschuldigten bei politischen Gerichtsverfahren Anwälte zur Verfügung stellen? Wenn das Verbrechen sind, dann bekennen wir uns offen und voller Stolz schuldig. Wir erklären, daß jedermann das Recht auf eine möglichst gute Verteidigung hat. Man sollte es anerkennen und uns nicht Vorwürfe dafür machen, daß wir für eine ordnungsgemäße Abwicklung solcher Gerichtsverfahren sorgen.

Der SACC hat zwar die Rolle ausländischer Investitionen kritisiert, aber nirgends versteckt oder offen eine gegen solche Investitionen gerichtete Politik empfohlen.

Augenscheinlich ist es tadelnswert, ein in jeder Beziehung mangelhaftes Erziehungssystem zu verurteilen und zum Nutzen eines ungeteilten Südafrika eine gerechtere Verteilung der Ressourcen zu empfehlen. Man beschuldigt uns, etwas sehr Böses zu tun, wenn wir versuchen, die Notlage der Arbeitslosen zu lindern, indem wir ihnen helfen, sich mit Selbsthilfeprojekten ein Einkommen zu verschaffen. Der Minister sagt, wir nutzten die Lage der Arbeitslosen aus. Wir möchten dazu sagen, und zwar so respektvoll wie möglich, daß der Minister baren Unsinn redet und wir hoffen möchten, daß er sich für all seine grundlosen Angriffe und besonders diesen entschuldigt. Der Minister hat grobe Unwahrheiten verbreitet (und er weiß es), wenn er sagt, wir hätten Widerstandsbewegungen finanziell unterstützt. Warum nutzt er nicht seine weitgehenden Vollmachten, um uns vor Gericht zu stellen, wenn wir etwas getan haben, was in Südafrika offenbar ungesetzlich ist?

Wir kennen die Taktik dieser Regierung. Sie will etwas gegen den SACC unternehmen und die Öffentlichkeit darauf vorbereiten. Wir wollen die Regierung an einiges erinnern. Erstens sollte sie aufhören, Gott zu spielen. Die Regierungsmitglieder sind menschliche Wesen, die mit drakonischen Gesetzen eine ungerechte Politik der Unterdrückung treiben. Aber sie sind immer noch Sterbliche. Und wir haben es satt, bedroht zu werden. Warum machen diese Leute ihre Drohungen nicht wahr?

Zweitens möchten wir Mr. Le Grange und andere, die versucht sein könnten, seinem Beispiel zu folgen, warnen. Der SACC ist ein Kirchenrat und keine Privatorganisation. Die Kirche gibt es schon seit fast zweitausend Jahren. Während dieser zweitausend Jahre sind die Christen von Tyrannen und anderen verfolgt worden. Man hat sie ins Gefängnis geworfen und getötet, und man hat ihnen vorzuschreiben versucht, was sie glauben sollen. Diese Tyrannen gehören heute zum Strandgut der Geschichte, aber die Kirche Gottes ist bis heute eine Verfechterin der Gerechtigkeit, des Friedens, der Liebe und der Versöhnung geblieben. Wenn unsere Gegner sich gegen den SACC und die Kirchen wenden, dann sollen sie wissen, daß sie damit die Kirche Jesu Christi bekämpfen.

Wo ich stehe

In der vom SACC herausgegebenen Zeitschrift Kairos schreibt Bischof Tutu: »Vor diesem Hintergrund war es unvorstellbar, eine Zusammenkunft zwischen den Kirchenführern und dem Premierminister zu veranstalten.« Die Zusammenkunft war für den 7. August 1980 festgelegt, und drei Tage vor ihrem Beginn erläuterte Bischof Tutu seinen Standpunkt in der folgenden Ansprache vor dem Presseklub in Pretoria.

Auf dem Flug von Durban hierher sprach mich neulich eine der hübschen Stewardessen an und sagte: »Entschuldigen Sie, Sir, einige Passagiere bitten Sie um Ihr Autogramm in einem Buch.« Nun, dachte ich, es gibt noch nette Leute, die ein wertvolles Buch richtig beurteilen können. Ich versuchte, möglichst bescheiden zu wirken, aber dann sagte sie, »Sie sind doch Bischof Muzorewa?«

Das war eine interessante Episode und in gewisser Weise bezeichnend für die Lage in Südafrika. Bischof Muzorewa war bei den meisten weißen Südafrikanern sehr beliebt. Niemand schien Anstoß daran zu nehmen, daß er die Politik in die Religion gebracht hatte. Das ließ vermuten, daß man nicht beschuldigt wird, ein politischer Geistlicher zu sein, wenn diese Politik der offiziellen politischen Linie entspricht. Ich nehme an, wenn ich aufstehen und sagen würde, was ich unter keinen Umständen tun kann, »die Apartheid ist gar nicht so schlecht, es ist der aufrichtige Versuch, eine Lösung für unsere schwierigen Probleme zu finden«, würde ich zum Liebling des Establishments werden, und man würde mit keiner Silbe mehr behaupten, ich sei ein politischer Hitzkopf. Der südafrikanische Rundfunk, der mich 1978 zum letzten Mal interviewt hat, würde sich wahrscheinlich darum reißen, mich vor das Mikrophon zu bekommen, anstatt Menschen vorzustellen, die von den schwarzen Südafrikanern abgelehnt werden, und von mir erwarten, daß ich einige meiner früher gemachten Erklärungen widerrufe.

Viele Weiße sehen in mir einen verantwortungslosen, radikalen Feuerschlucker, der schon lange eingesperrt, in die Verbannung geschickt oder auf irgendeine andere schreckliche Weise mundtot gemacht werden sollte. Manchmal bekomme ich geradezu haarsträubende Briefe und Telefonanrufe. Besonders betrübt es mich, wenn meine Familie mit solchen obszönen und verrückten Anrufen belästigt wird. Dann werde ich wirklich böse. Ich bin dankbar, daß meine Angehörigen mich tatkräftig bei der Aufgabe unterstützen, die, wie ich glaube, Gott mir gestellt hat. Und als Familie wissen wir, daß wir wie die meisten Schwarzen und auch einige Weiße einen Preis dafür bezahlen müssen, wenn wir uns an dem Befreiungskampf beteiligen, mit dem wir aus Südafrika ein freies Land für all seine

Kinder, die schwarzen und die weißen, machen wollen. Aber es ist doch schmerzlich zu sehen, wenn die eigenen Kinder vor Zorn und Entsetzen zittern, wenn sie einen dieser Anrufe entgegengenommen haben. Ich sage das nicht, um Ihr Mitgefühl zu wecken oder um so zu tun, als seien wir Helden. Ich möchte damit nur einen Teil der Wirklichkeit im heutigen Südafrika darstellen. Es hat mich erschüttert, mit welcher Feindseligkeit meine Bemerkung aufgenommen worden ist, die ich in Dänemark über den Kauf südafrikanischer Kohle gemacht habe. Es war so als hätte ich gesagt: »Wir werden die Schwarzen loslassen, damit sie jede weiße Frau vergewaltigen, derer sie habhaft werden können.« Ich glaube nicht, daß ich heftiger angegriffen worden wäre, wenn ich in dieser Weise zum Rassenhaß und zur Gewalt aufgerufen hätte. In Wirklichkeit war das, was ich sagte, der Versuch, einen nüchternen Beitrag für eine gewaltfreie Lösung unserer südafrikanischen Probleme zu leisten. Die Menschen reden sehr gern über sogenannte friedliche Methoden zur Verminderung der Spannungen, solange es sich um Methoden handelt, von denen jeder weiß, daß sie keinen Erfolg haben können. Denn im Grunde wollen die meisten Weißen die Situation nur insoweit verändert, wie alles beim Alten bleibt und sie ihre Privilegien und ihren hohen Lebensstandard bewahren können. Deshalb dränge ich die internationale Völkergemeinschaft, einen möglichst starken politischen, diplomatischen und wirtschaftlichen Druck auf Südafrika auszuüben, um die Verantwortlichen an den Konferenztisch zu bringen. Ich liebe Südafrika zu leidenschaftlich, um wünschen zu können, daß es vernichtet wird, und das kann durch den internationalen Druck vielleicht vermieden werden. Aber in den Augen der meisten Weißen in Südafrika bin ich ein Ungeheuer – ein Kinderschreck. Sie behaupten, ich sei in Wirklichkeit ein Politiker, der alles versucht, um Bischof zu sein, und ich hätte es sehr geschickt verstanden, meine Hörner unter meiner komischen Bischofsmütze und meinen Schwanz unter meinem langen Priestergewand zu verstecken.

Doch in Wirklichkeit habe ich keinerlei politische Ambitionen. In dieser Hinsicht bin ich kein Bischof Muzorewa, kein Erzbischof Makarios und kein Ayatollah Chomeini. (Diese Herren beweisen deutlich genug, weshalb religiöse Führer nicht Politiker im parteipolitischen Sinne sein sollten.) Wie gesagt ist es mein christlicher Glaube, der mich veranlaßt, mich so zu verhalten wie ich es tue. Für mich kann die Apartheid nach meinem unvollkommenen Verständnis für die Heilige Schrift nur eine Verhöhnung Gottes sein, und deshalb kann ich sie nur mit jeder Faser meines Herzens ablehnen und versuchen, auf nationaler und internationaler Ebene mein möglichstes zu tun, damit sie abgeschafft wird.

Einige behaupten, ich wolle es zu einer Konfrontation mit dem Staat kommen lassen. Nichts wäre weiter von der Wahrheit entfernt. Ich bin zutiefst davon überzeugt, daß der Staat, wenn er seine Aufgaben ordnungsgemäß erfüllt, Gehorsam verlangen kann. Wenn er aber seine Grenzen überschreitet und für sich die Autorität Gottes beansprucht, dann ist es meine reli-

giöse Pflicht, diesen Machtmißbrauch zu verurteilen, denn Jesus hat gesagt: »Gib dem Kaiser, was des Kaisers ist, und Gott, was Gottes ist.« Wenn die Gesetze vom Volk oder von seinen demokratisch gewählten Vertretern erlassen worden sind, und wenn diese Gesetze gerecht sind, dann müssen sie befolgt werden. Aber die in Südafrika geltenden Gesetze erfüllen diesen Anspruch nicht. Kein einziges Gesetz ist von demokratisch gewählten Volksvertretern erlassen worden, denn achtzig Prozent der Bevölkerung sind aus dem demokratischen gesetzgeberischen Prozeß ausgeschlossen, und viele Gesetze sind ebenso wie das ganze System der Apartheid offenkundig ungerecht.
Das Apartheidssystem ist daher nicht nur ungerecht, sondern absolut unmoralisch und unchristlich. Wenn behauptet wird, Gott habe uns Menschen so geschaffen, daß wir voneinander getrennte, verschiedene und nicht zusammengehörige Gruppen bilden, dann widerspricht das der Bibel und der ganzen Tradition des ungeteilten Christentums. Gott hat uns als menschliche und religiöse Gemeinschaft zur Freundschaft mit Gott und unseren Mitmenschen geschaffen, damit wir auch mit der übrigen Schöpfung harmonisch zusammenleben können. Für mich wird niemals der Tag kommen, an dem ich der Apartheid zustimmen könnte. Sie ist ein verwerfliches System und steht im Widerspruch zum Evangelium Jesu Christi. Deshalb widersetze ich mich diesem System und kann keinen Kompromiß mit ihm eingehen, und zwar nicht aus politischen Gründen, sondern weil ich Christ bin.

Eine Grundsatzerklärung des Bischofs Tutu

Auf Ersuchen des SACC kam es zu einem Zusammentreffen zwischen Vertretern dieser Organisation und der Regierung, auf dem die weiterhin kritische Lage in Südafrika besprochen werden sollte. Alle Hoffnungen auf positive Ergebnisse dieser Gespräche zerschlugen sich sehr bald. Nach dieser Zusammenkunft wurden die Beziehungen zwischen der Regierung und dem SACC sogar noch gespannter.
Außerdem gelang es der Regierung, politisches Kapital daraus zu schlagen, während der SACC bei einigen schwarzen Christen an Glaubwürdigkeit verlor. Aber während man wohl sagen darf, daß der SACC bei dieser Gelegenheit von der Regierung ausmanövriert wurde, zeigte sich bei diesem Treffen, daß der SACC mit beachtlichem Mut den Versuch unternommen hatte, die gegensätzlichen Standpunkte miteinander zu versöhnen und Brücken zu bauen.
Bischof Tutu selbst meint, diese Begegnung »war kein Gespräch – es bestand eine tiefe Kluft zwischen beiden Seiten. Aber es war eine gute Sache, daß wir versucht haben, nebeneinander zu sitzen, anstatt einander zu bekämpfen«.
Es folgt die der Regierung von Bischof Tutu vorgetragene Grundsatzerklärung.

Wir verfolgen bei diesem Gespräch keine eigenen politischen Interessen, und ich glaube, ich muß das besonders betonen. Das gleiche Evangelium Jesu Christi, das uns zwingt, die Apartheid als absolut unchristlich abzulehnen, ist auch das Evangelium, das uns veranlaßt, für Gerechtigkeit, für Frieden und Versöhnung zu

arbeiten. Gott hat uns das Mandat gegeben, die Diener seiner Versöhnung zu sein.
Wir danken Gott dafür, daß Sie und Ihre Regierung erkannt haben, daß das Schicksal der südafrikanischen Bevölkerung nicht von einer Gruppe allein entschieden werden kann. Wir möchten Sie jetzt wieder dringend auffordern, Verhandlungen über eine friedliche Veränderung der Verhältnisse einzuleiten, und zwar durch die Einberufung einer nationalen Konvention, wo unsere gemeinsame Zukunft von den anerkannten Führern aller Teile der südafrikanischen Bevölkerung entworfen werden kann. Nach unserer festen Überzeugung müssen dazu die politischen Gefangenen, die heute im Gefängnis oder in Untersuchungshaft sitzen, und die im Exil lebenden politischen Führer die Erlaubnis erhalten, an einer solchen Konvention teilzunehmen. Schließlich hat Ihr Vorgänger, Mr. Vorster, Mr. Ian Smith geraten, schwarze politische Gefangene freizulassen und sich mit ihnen an den Konferenztisch zu setzen und zu versuchen, eine Lösung für ihr Land auszuhandeln.
Es war Ihre Regierung, die etwas Ähnliches mit den Turnhallengesprächen über Namibia versucht hat. Weshalb soll diese Art der Behandlung offenbar unlösbarer Probleme nur für den Export geeignet sein?
Wir glauben, in unserem geliebten Lande kann es keinen wirklichen Frieden geben, ohne daß sich die Verhältnisse von Grund auf ändern. General Malan hat gesagt, die Krise in Südafrika sei zu zwanzig Prozent eine militärische und zu achtzig Prozent eine politische. Sie haben selbst mutig erklärt, die Weißen müß-

ten bereit sein sich anzupassen, oder sie würden sterben. Diese Anpassung, das heißt die Veränderung der Verhältnisse, muß an den Kern der Sache gehen. Sie muß zur Aufhebung der Apartheid führen. Bitte glauben Sie uns, wenn wir sagen, daß sehr viel guter Wille besteht. Allerdings müssen wir hinzufügen, daß die Zeit drängt und unsere Geduld bald zu Ende ist. Haß, Verbitterung und Zorn wachsen, und wenn nichts getan wird, um Ihre Bereitschaft zu zeigen, fundamentale Veränderungen herbeizuführen, die zur Teilung der politischen Macht führen, dann müssen wir fürchten, daß es zu der sogenannten gräßlichen Alternative kommen wird. Wir wissen sehr wohl, daß diese fundamentalen Veränderungen nicht über Nacht vorgenommen werden können, und deshalb schlagen wir vor, daß nur vier Dinge geschehen müssen, um die begründete Hoffnung zu wecken, daß es zu diesen Veränderungen kommen wird. Wir können Ihnen versichern, daß die meisten Menschen in Südafrika und in der Welt auf Ihrer Seite stehen werden, wenn Sie diesen Weg gehen, während sie nur auf den Widerstand weniger Parteimitglieder stoßen werden, die einen solchen Schritt ablehnen. Die vier Punkte sind die folgenden:

1. *Die Regierung muß sich verpflichten, allen Bürgern eines ungeteilten Südafrika die gleichen staatsbürgerlichen Rechte zu gewähren.* Wenn das nicht geschieht, wird es zu keinem friedlichen Wandel kommen.
2. *Bitte setzen Sie die Paßgesetze außer Kraft.* Nichts in einem verhaßten System ist den Schwarzen mehr verhaßt als diese Gesetze. Nehmen Sie die

Abschaffung dieser Gesetze schrittweise vor, denn niemand von uns wünscht chaotische Zustände in diesem Land. Aber ich bitte Gott, er möge mir die Worte eingeben, mit denen ich den dramatischen Wandel beschreiben kann, der in den zwischenmenschlichen Beziehungen in diesem Land eintreten würde, wenn die Paßgesetze wirklich aufgehoben werden würden.

3. *Bitte stellen Sie sofort alle Umsiedlungsaktionen und das Entwurzeln von Menschen ein.* Diese Praktiken sind nach meiner Auffassung absolut unerträglich und haben zu unvorstellbarem Elend geführt.

4. *Richten Sie ein einheitliches Erziehungssystem ein.* Wir freuen uns feststellen zu können, daß Sie mit der Einberufung eines Ausschusses zur Prüfung dieser Angelegenheit einverstanden waren. Wir möchten zu dieser Frage vorschlagen, daß alle Universitäten geöffnet werden und daß die schwarzen Universitäten die Erlaubnis bekommen, Schwarze zu ernennen, die vom schwarzen Bevölkerungsteil für glaubwürdig gehalten werden. Wenn das nicht geschieht, fürchten wir, daß die Unruhen an diesen Institutionen nicht aufhören werden.

Wenn diese vier Forderungen als ein erster Anfang erfüllt würden, dann wären wir die ersten, die laut verkünden wollten: Bitte gebt der Regierung eine Chance. Wir haben den Eindruck, daß sie sich auf den Weg zu wirklichen Veränderungen begeben hat. Ich würde mit Sicherheit einer der ersten sein, das mit lauter Stimme zu rufen. Denn dann, wenn wir diesen Prozeß einleiten, würden wir alle eine *wirkliche* Sicherheit haben, nicht eine Sicherheit, die mit Gewalt aufrechterhalten werden muß. Was für ein herrliches Land könnten wir haben, wenn wir alle gemeinsam, die Schwarzen und die Weißen, erhobenen Hauptes in diese wunderbare Zukunft gehen könnten. Denn dann werden wir eine nicht rassistische Gesellschaft, eine gerechte Gesellschaft haben, in der jeder, der Schwarze und der Weiße, ein Kind Gottes ist, das nach seinem Bilde geschaffen wurde. Und Sie, Sir, werden als ein wahrhaft großer Mann in die Geschichte eingehen. Wenn das nicht jetzt sehr bald geschieht, dann, so fürchte ich, werden wir sagen müssen, es war umsonst. Aber Gott ist gut, und Gott liebt uns alle. Gott hat dieses Land mit seinem Heiligen Geist erfüllt. Wollen wir uns diesem Heiligen Geist öffnen und unsere Befürchtungen und Sorgen gemeinsam tragen. Ich danke Ihnen.

Die Abschlußansprache des Premierministers zeigte deutlich, daß es dem SACC nicht gelungen war, die Regierung von der Notwendigkeit grundlegender Veränderungen zu überzeugen, von der Notwendigkeit der Übernahme der politischen Macht durch alle Bevölkerungsgruppen in Südafrika. Er sagte: »Ich bin bereit, mein Volk voranzuführen . . . und neue Einrichtungen zu schaffen, aber ich bin nicht bereit, es auf den Weg zu einer Regierung auf der Basis ein Mann – eine Stimme zu führen.«

Die Probleme der Schwarzen Bevölkerung in Südafrika

Zum Gedenken an Steve Biko

Die unglaublich brutale Art, in der Steve Biko von der südafrikanischen Sicherheitspolizei getötet wurde, hat die Menschen in der ganzen Welt empört und zutiefst erschüttert. Nachdem er am 18. August 1977 in Port Elizabeth nach § 6 des Gesetzes zur Bekämpfung des Terrorismus verhaftet worden war, wurde er in Ketten nach Pretoria gebracht – auf einer Fahrt über neunhundertsechzig Kilometer auf holprigen Straßen und auf der Ladefläche eines Polizei-Landrovers. Er starb am 12. September im Alter von einunddreißig Jahren, nachdem er in seiner Zelle nackt und gefesselt untergebracht worden war, an den Folgen der Schläge, die er bei den Verhören bekommen hatte.

Der Denker und Aktivist Steve Biko wurde am 18. Dezember 1946 in Kingwilliamstown geboren. Ende der 1960er Jahre gründete er die South African Students Organisation SASO. Bis er im März 1973 in die Verbannung geschickt wurde, arbeitete er in dieser Organisation und schrieb – manchmal unter dem Pseudonym Frank Talk. Er bemühte sich besonders darum, den Stolz und das Bewußtsein seiner schwarzen Landsleute zu schärfen, indem er ihnen den Wert der afrikanischen Kultur vor Augen führte und die Vorgänge analysierte, in deren Verlauf die weißen Siedler die schwarze Bevölkerung ihrer Freiheit beraubt hatten. Das war die Black Consciousness Movement (die Bewegung des schwarzen Gewissens), die ihren Ausdruck in der sehr bald verbotenen Black People's

Convention fand. Heute gilt er als der Begründer dieser Bewegung. Er rief die schwarzen Geistlichen auf, die Sache des schwarzen Gewissens dadurch zu unterstützen, daß sie dem Verständnis des schwarzen Menschen für Gott eine klare Richtung und Bedeutung gaben.
Der folgende Nachruf ist zum Teil der Predigt entnommen, die Bischof Tutu bei den Beisetzungsfeierlichkeiten in Kingwilliamstown gehalten hat, zum Teil aber auch seiner Ansprache bei dem Gedenkgottesdienst des SACC für Steve Biko in der St. George's Cathedral in Kapstadt.

Als uns die Nachricht erreichte »Steve Biko ist tot«, wollten wir es nicht glauben. Wir waren wie gelähmt. Nein, das kann nicht wahr sein! Nein, es muß ein schrecklicher Alptraum sein, und wir werden aufwachen und erfahren, daß es nicht so ist, daß Steve lebt, wenn auch in der Gefangenschaft. Aber nein, meine lieben Freunde, er ist tot, und wir sind zutiefst bekümmert und fragen verzweifelt, »oh Gott, wo bist du? Oh Gott, hast du uns verlassen? Wie kannst du so etwas zulassen?«
Es erscheint uns alles so sinnlos – ein wunderbarer, begabter Mensch wurde in der Blüte seiner Jugend erschlagen, eine jugendliche Blüte, die irgend jemand im Keim ersticken wollte. Was kann der Sinn einer solchen Untat sein? Mein Gott, liebst du uns denn wirklich? Was erwartest du von uns, was wir noch nicht getan haben, was müssen wir noch sagen, was wir nicht schon tausendmal gesagt haben und über so viele Jahre hinaus – daß wir nur das verlangen, was allen Kindern Gottes gehört als ein unveräußerliches

Recht, ein Platz an der Sonne in unserem geliebten Mutterland. Oh Gott, wie lange sollen wir das noch ertragen? Wie lange können wir fortfahren, eine gerechtere Gesellschaftsordnung zu fordern, in der wir alle, Schwarze und Weiße gemeinsam etwas bedeuten, und zwar nicht weil wir zufällig hier oder dort geboren wurden oder wegen einer biologischen Nebensächlichkeit – wo wir alle, die Schwarzen und die Weißen, etwas bedeuten, weil wir menschliche Wesen sind, Menschen, die nach deinem Bilde geschaffen wurden. Gott hat Steve Biko zu seinem Diener in Südafrika berufen und ihn damit beauftragt, im Namen Gottes zu sprechen, zu erklären, was der Wille dieses Gottes in der Lage sein muß, in der wir uns befinden, in der wir Verfolgungen, Ungerechtigkeiten, der Unterdrückung und der Ausbeutung ausgesetzt sind. Gott hat ihn dazu aufgerufen, die Bewegung des schwarzen Bewußtseins zu gründen, die von ihren Gegnern übel verleumdet worden ist. Es ist eine Bewegung, durch die Gott durch Steve in dem schwarzen Menschen den Sinn für seinen Wert als Kind Gottes wecken wollte, das sich nicht dafür entschuldigen muß, daß es schwarz ist. Diese Bewegung ruft alle Schwarzen auf, Gott dafür zu verehren und zu preisen, daß er sie als Schwarze erschaffen hat. Steve hat mit seinem scharfen Verstand stets den Kern der Dinge erkannt und wußte, daß es nicht die geringste Chance für eine Versöhnung in Südafrika geben könne, solange sich die Schwarzen ihres menschlichen und Persönlichkeitswerts nicht bewußt geworden sind. Die wahre Versöhnung ist eine zutiefst persönliche Angelegen-

heit. Sie ist nur zwischen Menschen möglich, die sich als Persönlichkeiten behaupten können und die den Persönlichkeitswert anderer anerkennen und respektieren. Kann man sich denn mit einem Hund versöhnen? Steve wußte und glaubte unerschütterlich daran, daß ein Freund der Schwarzen nicht ein Feind der Weißen sein muß. Die Bewegung des schwarzen Bewußtseins ist keine Bewegung, die von uns verlangt, die Weißen zu hassen, auch wenn das Gegenteil behauptet wird. Steve hatte eine viel zu hohe Meinung von der menschlichen Persönlichkeit, um sie nach vorgefaßten Meinungen zu beurteilen und in überholte Kategorien einzuteilen.
Wer ihn kannte, war zutiefst beeindruckt von diesem warmherzigen Menschen, und einer seiner guten Freunde hat mir gesagt, er hielte ihn für einen durch und durch redlichen, hochintelligenten, aber zurückhaltenden Mann, der unerschütterlich zu den von ihm als richtig erkannten Grundsätzen stand und sich für radikale Veränderungen in Südafrika mit friedlichen Mitteln einsetzte. Er habe für eine echte Versöhnung gekämpft als Instrument des göttlichen Friedens, unerschütterlich in seiner Hingabe an die Befreiung aller Südafrikaner, der schwarzen und der weißen, für ein gerechteres und offeneres Südafrika.
Steve hat deutlicher als die meisten von uns gesehen, wie Ungerechtigkeit und Unterdrückung entmenschlichen und uns alle, die Schwarzen und die Weißen, die Opfer und die Täter zu etwas machen können, das den Absichten Gottes widerspricht. Vielleicht klingt es wie ein billiges Schlagwort, wenn man sagt, »die Unter-

drückung entmenschlicht den Unterdrücker ebenso wie den Unterdrückten.« Aber haben wir nicht ein unglaublich schockierendes Beispiel dafür, wenn es zutrifft, daß Mr. Kruger tatsächlich so herzlos gewesen ist zu sagen, der Tod von Steve »läßt mich kalt«? Von allen menschlichen Wesen muß man ihn am meisten bedauern. Was ist aus diesem menschlichen Wesen geworden, wenn der Tod eines Mitmenschen ihn kalt lassen kann? Und ich fordere euch auf, für die Regierenden in diesem Land zu beten, für die Polizei – besonders für die Sicherheitspolizei und die Gefängnisbeamten –, daß sie erkennen mögen, daß auch sie menschliche Wesen sind. Ich fordere euch auf, für die Weißen in Südafrika zu beten.

Es ist kein billiges Schlagwort zu sagen, daß die Bewegung zur Weckung des schwarzen Bewußtseins sich im Sinne von Steve um die Befreiung der Schwarzen und der Weißen bemüht. Wenn die Bewegung sich für die Befreiung der Schwarzen einsetzt, dann geht es ihr dabei ebenso um die Befreiung der Weißen.

Es war ein Mann, der gerade das gesagt hat, es war ein Mann, der uns inspiriert hat, seine Überzeugung zu teilen, es war ein Mann, der in anderen die gleiche Begeisterung für Gerechtigkeit, Liebe, Frieden und Versöhnung in ganz Südafrika geweckt hat – es war ein solcher Mann, den der Tod, ein unbegreiflicher Tod, am vergangenen Montag ereilt hat. Wir betrauern diesen tragischen und offensichtlich sinnlosen Verlust, den Tod eines hervorragenden Menschenführers, der schon in jungen Jahren den Höhepunkt seiner Wirkungskraft erreicht hatte.

Laßt uns für Ntsiki und alle Angehörigen von Steve beten, die von diesem Verlust betroffen worden sind. Wir weinen für unser Land, das einen schweren Schlag erlitten hat; wir weinen für uns selbst und wissen dennoch, daß Steve ein Leben geführt hat, das seinen Freunden ebenso wie seinen Feinden geweiht war. Damit war sein Tod, so schrecklich es auch ist, die Vollendung eines solchen Lebens – Ausdruck der größten Liebe, die ein Mensch seinen Freunden schenken kann, ist es, ihnen das Leben zu opfern. Steve kannte die Worte, die jener andere hervorragende junge Mann, Jesus, gesprochen hatte: »Wahrlich, wahrlich, ich sage euch: Es sei denn, daß das Weizenkorn in die Erde falle und ersterbe, so bleibt's allein; wo es aber erstirbt, so bringt es viele Früchte.

Wer sein Leben liebhat, der wird's verlieren; und wer sein Leben auf dieser Welt hasset, der wird's erhalten zum ewigen Leben.

Wer mir dienen will, der folge mir nach; und wo ich bin, da soll mein Diener auch sein. Und wer mir dienen wird, den wird mein Vater ehren.« (Johannes 12, 24–26)

Ihr seht also, Steve hat etwas begonnen, was sich nicht mehr aufhalten läßt. Die Mächte des Bösen, der Ungerechtigkeit, der Unterdrückung, der Ausbeutung sind mit ihrer Bosheit bis zum Äußersten gegangen, und sie haben verloren. Sie haben verloren, weil sie unmoralisch und falsch gehandelt haben, und unser Gott, der Gott des Exodus, der Befreier Gott, ist ein Gott der Gerechtigkeit und der Rechtschaffenheit, und Er steht auf der Seite der Gerechtigkeit, der Befreiung und der

Güte. Unsere Sache, die Sache der Gerechtigkeit und der Befreiung, muß den Sieg davontragen, weil sie moralisch und gerecht ist. Viele, die das gegenwärtige ungerechte System in diesem Lande unterstützen, wissen im Grunde, daß sie sich hinter ein böses, ungerechtes und tyrannisches System gestellt haben, das von Gott abgelehnt und entschieden verurteilt wird. Es gibt keinen Zweifel daran, daß die Freiheit kommen wird. (Ja, vielleicht liegt noch ein harter Kampf vor uns, aber heute erleben wir die Geburtswehen eines neuen Südafrika.) Man sagt, die dunkelste Stunde ist die letzte Stunde vor dem Morgengrauen. Wir erleben die Geburtswehen eines neuen Südafrika, eines freien Südafrika, in dem wir alle, Schwarze und Weiße gemeinsam, aufrecht voranschreiten werden, wo wir alle, Schwarze und Weiße gemeinsam, Hand in Hand auf dem Friedensmarsch voranschreiten werden, um die Geburt des neuen Südafrika einzuleiten. Wir danken und loben Gott, daß er uns mit Steve Biko ein so großartiges Geschenk gemacht hat, und um seinetwillen, um unserer selbst und unserer Kinder willen wollen wir nicht nachlassen, für die Befreiung unseres geliebten Landes Südafrika zu kämpfen.

Robert Mangaliso Sobukwe

Robert Sobukwe wurde 1924 in der Kapprovinz geboren. Er beteiligte sich aktiv an den gewaltlosen Protestkampagnen der 1950er Jahre, verlor seine Stelle als Lehrer wegen seiner Teilnahme an der Kampagne für die Nichtbeachtung unmoralischer Gesetze von 1952. Ende der 1950er Jahre war er maßgebend an der Gründung des Panafrikanischen Kongresses (PAC) beteiligt, der sich 1959 vom Afrikanischen Nationalkongreß (ANC) abspaltete. Er wurde zum Präsidenten des PAC gewählt und trat von seinem Posten als Lehrer für afrikanische Sprachen an der Universität von Witwatersrand zurück, um sich 1960 an die Spitze der Protestbewegung gegen die Paßgesetze zu stellen. Der Staat reagierte auf diese Proteste mit brutaler Gewalt. Am 21. März 1960 eröffnete die Polizei in Sharpeville das Feuer auf die unbewaffnete Menge, tötete siebenundsechzig und verwundete einhundertsechsundachtzig Menschen.

Robert Sobukwe wurde verhaftet und zu drei Jahren Gefängnis verurteilt. Nach seiner Entlassung wurde er nach einem vom Parlament erlassenen Sondergesetz für weitere sechs Jahre auf die Robbeninsel verbannt. 1969 wurde er dort entlassen, aber in den Bezirk Kimberley verbannt, den er nicht verlassen durfte. Seine Freunde nannten ihn nur den Professor. 1978 starb er.

Dieser Nachruf ist der Text einer Ansprache, die Bischof Tutu am 6. März 1978 anläßlich eines Gedenkgottesdienstes des SACC gehalten hat.

Im September vergangenen Jahres hatte ich die Ehre, in der St. George's Cathedral in Kapstadt an einem Gedenkgottesdienst für Steve Biko teilzunehmen – diesen großartigen Vorkämpfer Afrikas –, und dachte kaum daran, daß ich nach nur sechs Monaten an einem zweiten Gedenkgottesdienst für einen noch größeren Vorkämpfer teilnehmen würde, für einen einzigartigen großartigen Mann, Robert Mangaliso Sobukwe. Zufällig ging ich am Tage des Gedenkgottesdienstes für Steve Biko in das Groote Schuur Hospital, um den Professor zu besuchen. Er hatte gerade eine schwere Operation überstanden, bei der ihm ein großer Teil seiner kranken Lunge entfernt worden war. Nun saß er vor mir in einem bequemen Stuhl mit jenem so unnachahmlichen Lächeln, und obwohl er mit einer recht rauhen Stimme sprach, ließ er sich seine Sorgen kaum anmerken. Wissen Sie, wir haben die englische Sprache so oft mißbraucht, daß wir manchmal ganz übertriebene Ausdrücke verwenden müssen, um uns verständlich zu machen, weil heute ganz gewöhnliche, schlichte Worte so abgedroschen sind, daß sie ihre ursprüngliche Bedeutung verloren haben. Deshalb überfällt uns Hollywood mit extravaganten Ausdrükken, die wir kaum noch verstehen. Trotz dieser Abwertung der Sprache will ich ganz nüchtern und ohne Superlative reden.
Wenn man Robert begegnete, dann wußte man sofort, daß man einem großen Mann gegenüberstand. Er hatte einen überragenden Intellekt und verstand es trotzdem, mit den einfachsten Menschen umzugehen, die sich in seiner Gegenwart wohlfühlten. Er war zu groß,

um einen häßlichen oder bösen Gedanken zu haben, und erstaunlicherweise hat ihn die ungerechte und grausame Behandlung, die er ertragen mußte, weil er mit jeder Faser seines Wesens an etwas glaubte, nie verbittert. Selbst seine entschiedensten Gegner mußten zugeben, daß er eine anziehende und magnetische Persönlichkeit war. Wer ihn kennenlernte, war bezaubert von seinem unwiderstehlichen Lächeln und seinem Charme. Sogar die Beamten der Sicherheitspolizei konnten sich dem nicht entziehen. Er war sanft wie eine Taube, und doch unerschütterlich, wenn es um seine persönliche Überzeugung und die von ihm vertretenen Grundsätze ging. Die Jahre auf der Robbeninsel haben es nicht vermocht, diese Überzeugung zu erschüttern.
Ich gebrauche diese Worte nicht leichtfertig, sondern weiß genau, was ich sage. Er war ein heiliger Mann, seinem Herrn und Meister Jesus Christus treu ergeben, und aus diesem Grunde war er entschlossen, die radikalen Veränderungen in Südafrika gewaltlos und ohne Blutvergießen, ohne Tod und Zerstörung herbeizuführen. Die Tragödie dieses Landes liegt darin, daß die Machthaber sich standhaft geweigert haben, mit Menschen wie Robert zu verhandeln. Und vielleicht werden sie es einmal bedauern, eine so große Gelegenheit versäumt zu haben, denn von Robert können sie nicht das gleiche sagen wie von Steve – daß er praktisch ein Unbekannter war –, denn Robert war eine beachtliche politische Kraft, mit der man rechnen mußte. Und Südafrika konnte mit einem seiner größten Söhne nichts anderes tun als ihn mundtot zu machen, zu

verbannen und zu versuchen, ihm jede Wirkungsmöglichkeit zu nehmen. Was ist das für eine tragische und nicht zu verantwortende Verschwendung. Aber wenn die Geschichte unseres geliebten Landes noch einmal geschrieben werden wird, dann wird darin der Name von Robert Mangaliso Sobukwe in goldenen Lettern zu lesen sein, denn trotz allem, was man versucht hat ihm anzutun, haben sein Geist und seine Ideen diese Fesseln gesprengt. Die Menschen haben seinen Geist und seine Gedanken nicht daran hindern können, in der Bewegung des schwarzen Bewußtseins weiterzuleben. Es betrübt mich, daß die Universität von Witwatersrand, die sich eines solchen Lehrers rühmen durfte, niemals daran gedacht hat, einen der leuchtendsten Sterne an ihrem Firmament zu ehren, und ich hoffe, sie wird dieses schlimme Versäumnis durch eine posthume Auszeichnung wettmachen.

Und was können wir tun? Müssen wir trauern? Ja, das müssen wir, denn wir haben mit dem Heimgang dieses Menschen einen schmerzlichen Verlust erlitten. Aber laßt uns nicht verzweifeln, denn das wäre nicht im Sinne von Robert. Wir haben einige unserer Besten opfern müssen, und unser Kampf für Gerechtigkeit und die Beendigung von Unterdrückung und Ausbeutung ist ein moralischer Kampf, und Gott steht auf unserer Seite. Robert wußte, daß auch er auf der Seite der Sieger stand. Der Sieg ist uns sicher. Ganz Südafrika wird frei werden. Daran besteht kein Zweifel. Gott hat uns das zugesagt – unser Gott, der Gott des Exodus, der uns befreien wird. Aber wir wissen noch nicht, wie und wann die Freiheit kommen wird. Robert hat dafür gearbeitet und gebetet, daß sie bald und auf friedliche Weise kommen soll. Und wir kämpfen und beten mit ihm.

Polarisation

In dem Kampf zwischen Tate und Coetzee beteiligte sich zum ersten Mal ein weißer Südafrikaner an einem Boxkampf um den Titel des Weltmeisters im Schwergewicht.

Es betrübt mich zutiefst, wenn ich sehe, wie weit die Polarisation in unserem Lande geht. Im vergangenen Jahr arbeitete ich an einem Samstagabend bis Mitternacht, als plötzlich auf den stillen Straßen von Soweto die Hupen vieler Autos ertönten und die Menschen in lauten Jubel ausbrachen, wie wir es in den Townships sonst nur in der Silvesternacht erleben. Plötzlich fiel mir ein, daß an diesem Abend der große Boxkampf zwischen Tate und Coetzee stattgefunden hatte. Ich sagte mir, »sicherlich hat Tate gewonnen«. Ich schaltete das Radio ein (normalerweise höre ich nicht die Sendungen der SABC. Wir in unserem Haus hatten uns geschworen, kein Fernsehgerät anzuschaffen, solange die SABC uns nicht mit objektiven Nachrichten versorgt, die nicht der Propaganda dienen). Meine Vermutung bestätigte sich. Die meisten Schwarzen in Südafrika begrüßten begeistert den Sieg von Tate (sogar diejenigen, die es zunächst abgelehnt hatten, daß

Tate zu diesem Kampf nach Südafrika gekommen war). Sie waren begeistert, weil Tate ein Schwarzer war, aber auch weil er einen weißen Südafrikaner k. o. geschlagen hatte. Die meisten weißen Südafrikaner waren zutiefst enttäuscht über diese Niederlage. Es war wie eine Niederlage auf dem Schlachtfeld. In Wirklichkeit war es für beide Seiten nicht mehr als ein normales sportliches Ereignis. Aber irgendwie war es für die eine Seite ein Schlag gegen die sogenannte südafrikanische Tradition, und die andere Seite betrachtete sie als ein traumatisches Ereignis, das sich psychologisch nachteilig auf die weiße Bevölkerung in Südafrika auswirkte.

Ich könnte eine lange Liste von Themen aufstellen, in denen die Angehörigen der weißen und der schwarzen Bevölkerungsgruppe geteilter Meinung sind. In der Frage der Auslandsinvestitionen sind die meisten Weißen für eine Erhöhung solcher Kapitalanlagen, während ich vermute (offen darf man über diese Frage nicht sprechen), daß die meisten Schwarzen die Investitionen als ein Mittel ansehen, mit dem man die Regierung unter Druck setzen und veranlassen könnte, ihre Politik zu ändern. Die meisten Weißen waren begeistert, als die British Lions zu uns kamen. Die Schwarzen teilten diese Begeisterung nicht. Die meisten Weißen freuten sich, als die Britische Konservative Partei unter Margaret Thatcher an die Regierung kam, aber Sie können sicher sein, daß dieses Wahlergebnis von den meisten Schwarzen bedauert wurde. Man könnte tatsächlich zu einem zweiten Euklid werden und einen neuen Lehrsatz formulieren: Was den meisten weißen Südafrikanern gefällt, wird höchstwahrscheinlich den meisten Schwarzen mißfallen und umgekehrt.

Die Geächteten

Oft verhängt die Regierung gegen die Gegner des Apartheidssystems Verbote, die eine Einschränkung der bürgerlichen Freiheiten bedeuten. Zu den gegen diese Menschen ergriffenen Maßnahmen gehören der Hausarrest, das Verbot, mit mehr als einer Person zusammenzukommen oder zu korrespondieren und in Südafrika Zeitungsartikel, Tonaufnahmen oder Bücher zu veröffentlichen oder zu zitieren. Wie kleinlich und unmenschlich solche Auflagen sind, illustriert die folgende Geschichte, die Bischof Tutu zum Dreikönigsfest von 1979 in einer Predigt in Kingston, Jamaika, erzählt hat.

Ich habe eine dieser rechtlosen Personen besucht, Winnie Mandela. Ihr Mann, Nelson Mandela, verbüßt in unserem Hochsicherheitsgefängnis auf der Robbeninsel eine lebenslängliche Gefängnisstrafe. Ich wollte ihr die Heilige Kommunion spenden. Die Polizei sagte mir, ich dürfe ihr Haus nicht betreten. Deshalb feierten wir die Heilige Kommunion in meinem Wagen auf einer Straße im christlichen Südafrika. Ein zweites Mal besuchte ich sie an einem Wochenende. An den Wochenenden ist ihre Bewegungsfreiheit noch mehr eingeschränkt. Sie darf ihr Grundstück nicht verlassen. Deshalb feierten wir die Heilige Kommunion wieder auf der Straße. Diesmal stand Winnie auf einer Seite des Zaunes und ich auf der anderen. Und das geschah 1978 im christlichen Südafrika.

Untersuchungshaft ohne Gerichtsbeschluß

Nach dem Gesetz zur Bekämpfung des Terrorismus von 1967 ist die Polizei in Südafrika ermächtigt, Gegner des Apartheidssystems auf unbegrenzte Zeit in Gewahrsam zu nehmen, ohne daß sie mit ihren Angehörigen, Anwälten oder den Gerichten eine Verbindung aufnehmen dürfen. Als sei das noch nicht genug, müssen solche Menschen nach ihrer Entlassung aus der Polizeihaft oft feststellen, daß für sie eine Einschränkung ihrer bürgerlichen Freiheiten angeordnet worden ist. Das Folgende ist eine Presseerklärung von Bischof Tutu vom 20. November 1978.

Wir freuen uns über die Entlassung mehrerer Personen aus längerer Polizeihaft am Wochenende, aber warum, in Gottes Namen, hat man ihnen für fünf Jahre die bürgerlichen Freiheitsrechte entzogen, ohne ihnen die Möglichkeit zu geben, sich zu verteidigen?
Die Polizei hat dreihundertvierundneunzig Tage Zeit gehabt, die Anklage gegen diese Menschen zu begründen. Unsere größte Sorge besteht darin, daß es so wenige weiße Südafrikaner gibt, die sich über solche Verstöße gegen geltendes Recht Gedanken machen. Wir appellieren noch einmal an die Behörden in diesem

Land, unsere Gesellschaft vor der Katastrophe zu bewahren. Wenn das den Weißen auch gleichgültig sein mag, Gott ist es nicht gleichgültig.

Unruhen in den Stadtgebieten

Presseerklärung vom 17. Juni 1980.

Wir bedauern, daß es am vergangenen Wochenende zu Ausschreitungen gekommen ist, und beklagen insbesondere den Tod eines Polizisten. Aber wir möchten ausdrücklich darauf hinweisen, daß es gefährlich ist, den Menschen zu sagen, wann sie trauern dürfen und wann nicht. Der schwarze Bevölkerungsteil fühlt sich zutiefst verletzt durch dieses sinnlose Verbot einer bisher stets friedlichen, würdigen und feierlichen Veranstaltung. Die Afrikaner wären empört, wenn man ihnen eines Tages sagte, sie dürften den nationalen Feiertag nicht mehr begehen.
Lassen Sie uns um Gottes willen aufhören, mit dem Feuer zu spielen. Ich möchte die Behörden davor warnen, daß ihre Bemühungen um die Wiederherstellung von Recht und Ordnung nur zu einer kurzen Ruhepause der verbitterten und enttäuschten Menschen führen werden. Die Lage in unserem Land ist äußerst gespannt, und nur vernünftige Gespräche zwischen dem Premierminister und wenigstens den Kirchenführern mit dem Ziel, die politischen Verhältnisse in Süd-

afrika grundlegend zu ändern, können zu einer wirklichen Beruhigung der Lage führen. Wir richten mit aller uns zur Verfügung stehenden Überzeugungskraft den dringenden Appell an die Regierung, ein solches Gespräch zu ermöglichen. Der schwarze Bevölkerungsteil wird sich nur durch die von den Schwarzen anerkannten Führer beeinflussen lassen. Jeder andere Versuch der Regierung wird nur ein Spiel mit dem Feuer der Revolution sein, das in unserem Lande brennt.

Wir stellen uns den Behörden rückhaltlos zur Verfügung, um mit ihnen für Gerechtigkeit, Frieden, die Aufrechterhaltung von Recht und Ordnung und die Versöhnung zusammenzuarbeiten. Ich flehe Sie an, uns anzuhören; hören Sie uns an, bevor es zu spät ist.

Die Verwendung von bewaffneten Soldaten für Routineaufgaben der Polizei

Presseerklärung vom 3. April 1978.

Am vergangenen Freitag, den 31. März, hat die Polizei in Zusammenarbeit mit der Armee und der Verkehrspolizei eine Operation durchgeführt, die eine Zeitung als Blitzkrieg bezeichnet hat. Die Polizei hat die Pflicht, Recht und Ordnung aufrechtzuerhalten und alle Gesetzesbrecher und Kriminellen festzunehmen. Ich muß jedoch erklären, daß es mich außerordentlich beunruhigt, wenn die Polizei in Ausübung ihrer normalen Pflichten von Angehörigen der Armee unterstützt wird, die mit Gewehren und aufgepflanzten Bajonetten bewaffnet sind. Wie gemeldet hat ein höherer Polizeioffizier diese kombinierte Operation als »Routine« bezeichnet. Nirgends in der freien Welt wird ein solches Vorgehen als Routine angesehen, solange keine inneren Unruhen ausgebrochen und Recht und Ordnung nicht gefährdet sind.

Im Namen Gottes und des gesunden Menschenverstandes möchte ich an die Behörden appellieren, auf den Einsatz bewaffneter Soldaten für routinemäßige Polizeiaufgaben zu verzichten. Was am Freitag geschehen ist, läßt sich nur als ein höchst provozierendes Vorgehen bezeichnen. Viele der durch diesen Einsatz behinderten Menschen waren anständige, gesetzestreue Bürger, die im Regen möglichst schnell nach Hause kommen wollten.

Ich protestiere energisch dagegen, daß die an den Straßensperren eingesetzten Polizisten auch an Frauen Leibesdurchsuchungen vorgenommen haben. Eine meiner langjährigen Mitarbeiterinnen mußte diese Demütigung über sich ergehen lassen. Die Polizei und die Behörden brauchen die Mitarbeit und Unterstützung der Öffentlichkeit bei ihrer schwierigen Aufgabe der Verbrechensbekämpfung, aber mit ihrem Vorgehen am vergangenen Freitag konnte sie keine Freunde unter der schwarzen Bevölkerung gewinnen.

Mahnung zur Vernunft

Seit den Unruhen in Soweto im Juni 1956 ist es jedes Jahr am 16. Juni, dem Jahrestag dieser Ereignisse, zu einer äußerst gespannten Lage gekommen. Die Polizei hat bei diesen Gelegenheiten sehr oft dazu beigetragen, daß es zu Gewalttätigkeiten kam, und hier erkennt Bischof Tutu ausdrücklich an, daß sie sich an einem dieser Jahrestage vernünftig und zurückhaltend gezeigt hat.

Im Namen des Rates der Kirchen in Südafrika möchte ich der Polizei aufrichtig dafür danken, daß sie sich während der Gedenkgottesdienste zum 16. Juni große Zurückhaltung auferlegt hat.
Viele verantwortungsbewußte Schwarze haben ausdrücklich darauf hingewiesen, daß es kaum zu Vorfällen gekommen ist, die unsere friedlichen und würdigen Veranstaltungen hätten stören können. Wir hoffen, daß sich die Polizei zum Wohle unseres Landes auch weiterhin so vernünftig verhalten wird.

Die Paßgesetze

Mit den Paßgesetzen sollte der schwarzen Bevölkerung der »ihnen gebührende Platz« angewiesen werden. Diese Menschen sollten in ihrer Bewegungsfreiheit eingeschränkt werden, und man wollte sie nur noch in den sogenannten »Homelands« oder in den Townships dulden, wo sie sich als Wanderarbeiter aufhalten durften, während ihnen der Aufenthalt in den »weißen« Stadtgebieten nur für kurze Zeit erlaubt wurde. Die Paßgesetze sind das Instrument, mit dessen Hilfe das weiße Südafrika den Reichtum und die Verfügungsgewalt über das Land in der Hand behält und den Schwarzen den Zugang zu den Industriegebieten verwehrt, wo sich die Arbeitsplätze und das Geld konzentrieren. Die Paßgesetze zerstören bewußt das Familienleben, verweigern dem Wanderarbeiter gewöhnlich, seine Familie an den Arbeitsplatz mitzunehmen, und verdeutlichen das verschrobene Denken, auf das sich die Apartheid stützt. (In Teil sechs beurteilt Bischof Tutu die Möglichkeit für die Abschaffung der Paßgesetze im Jahr 1986.) Das Folgende ist eine Presseerklärung aus dem Jahr 1979.

Vor neunzehn Jahren haben schwarze Südafrikaner friedlich für die Abschaffung der Paßgesetze demonstriert. Diese Gesetze sind der Teil eines verhaßten Systems, der am entschiedensten abgelehnt wird. Mehr als alles andere ist der Paß ein Beweis dafür, daß der Schwarze in Südafrika, dem Land seiner Geburt, ein Bürger zweiter Klasse ist.

Eine Zeitlang hatte es den Anschein, als bestehe der

Staat nicht mehr mit der gleichen Strenge auf der Einhaltung der Paßgesetze, denn die Ausweiskontrollen wurden nicht mehr so häufig durchgeführt wie zu Anfang. Aber die Statistik für 1978 zeigt eine Zunahme um einhunderttausend Personen, die wegen Verstoßes gegen das Paßgesetz festgenommen wurden. Die Razzien zur Überprüfung der Pässe gehören wieder zum südafrikanischen Alltag. Vielleicht ist das ein Versuch der Behörden, arbeitslose Schwarze aus den Stadtgebieten fernzuhalten, sie in die »Bantustans« abzuschieben, um diesen Übelstand nicht sichtbar werden zu lassen und ihn damit aus dem Bewußtsein der Bevölkerung zu verdrängen. Es werden aber auch Personen festgenommen, die einen Arbeitsplatz haben oder studieren, und unter Verletzung einer Entscheidung des Obersten Gerichts läßt man den Festgenommenen in den meisten Fällen nicht einmal die Zeit, ihre Pässe vorzuzeigen.

Das erweckt den Anschein, als wolle man die Schwarzen absichtlich schikanieren, denn weshalb würden sonst Menschen überprüft werden müssen, die nur von der Arbeit nach Hause gehen?

Mit aller Eindringlichkeit appelliere ich an die Behörden, diese Belästigung und Demütigung der Schwarzen einzustellen. In einer Lage, in der sich die Spannungen angesichts des hohen Prozentsatzes der Arbeitslosen in der schwarzen Bevölkerung ständig verschärfen, sind solche Paßkontrollen sehr provozierend. Im Namen Gottes und der christlichen Nächstenliebe, lassen Sie uns davor hüten, bewußt eine neue katastrophale Konfrontation zwischen dem schwarzen

Bevölkerungsteil und der Polizei heraufzubeschwören, die nur zu Blutvergießen, Todesopfern, Verwüstungen und gewalttätigen Ausschreitungen führen kann.
Mich beunruhigt das offensichtliche Schweigen unserer weißen südafrikanischen Mitbürger zu diesen jüngsten Entwicklungen. Das alles geschieht in Ihrem Namen. Billigen Sie wirklich Maßnahmen, die so katastrophale Folgen haben können? Sagen Sie nicht, daß Sie nichts dagegen unternehmen können. Sie können es, wenn Sie das, was hier geschieht, wirklich ablehnen. Bedenken Sie, welchen Haß diese polizeilichen Maßnahmen unter der schwarzen Bevölkerung schüren. Um Gottes Willen, helfen Sie uns; tun Sie es für Ihre Kinder und für Südafrika.

Weihnachten

Presseerklärung vom 20. November 1978.

Weihnachten ist ein Fest des guten Willens und der Freude, aber für viele in unserem Land ist es auch eine traurige Zeit, denn sie müssen mit ansehen, wie andere die guten Dinge des Lebens genießen, während sie selbst kaum etwas haben, woran sie sich freuen können. Es ist eine Zeit, in der diejenigen, die nur wenig besitzen, diesen Mangel um so härter empfinden, weil ihnen bewußt wird, daß andere im Überfluß leben.

Wir halten es für richtig, den Geburtstag unseres Herrn und Erlösers mit Freude und Dankbarkeit zu begehen. Wir glauben auch, daß die Freude größer wird, wenn wir sie mit anderen teilen, und daß die Dankbarkeit echter ist, wenn wir sie gemeinsam zum Ausdruck bringen.

In diesem Geist des miteinander Teilens möchten wir die Geschäftswelt und die Industrie aufrufen, den jungen Leuten, die jetzt in die Ferien gehen, Ferienjobs zur Verfügung zu stellen. Angesichts der zunehmenden Arbeitslosigkeit fällt es vielen Eltern immer schwerer, eine angemessene schulische Erziehung für ihre Kinder zu bezahlen. Für einige junge Leute besteht die einzige Hoffnung auf eine bessere Erziehung darin, selbst etwas Geld zu verdienen, um ihren Eltern zu helfen. Viele junge Leute wenden sich mit der Bitte um eine Arbeitsstelle an den SACC, und wir wären gerne bereit, die Vermittlung zu übernehmen und die geeigneten Bewerber für die vorhandenen Jobs zur Verfügung zu stellen.

Im Namen unseres Herrn, dessen Geburt wir feiern, appellieren wir auch in diesem Jahr an den guten Willen all derer, die bereit sind, die Weihnachtsfreude mit uns zu teilen.

Crossroads

Die ersten Bretterbuden des Lagers Crossroads in der Kapprovinz in der Nähe der Townships von Nyanga und Guguletu wurden im Februar 1975 errichtet. Die dort untergebrachten Menschen wurden ständig schikaniert, und immer wieder kam es zu Massenverhaftungen, Paßkontrollen und zum Niederreißen der Hütten durch die Polizei. Im Februar 1977 wurden die ersten Ausweisungsanordnungen erteilt, und im August 1977 wurde eines der Lager in dieser Siedlung dem Erdboden gleichgemacht. Im November 1978 beugte sich Dr. Koornhof als zuständiger Minister dem internationalen Druck und erklärte, er sei bereit, die Zustände im Lager Crossroads »in Ordnung zu bringen«, und setzte die Umsiedlungsanordnungen zeitweilig außer Kraft. Damit wurde Crossroads gerettet, das bedeutete aber leider nicht, daß die Regierung beschlossen hatte, ihre Haltung gegenüber den Siedlern zu ändern, die sich auf regierungseigenem Land niedergelassen hatten. Im August 1981 vertrieb die Polizei die Menschen aus der Nyanga-Siedlung, eine besonders herzlose Maßnahme, die von neuem den Beweis für den moralischen Bankrott des Apartheidssystems lieferte. Das Folgende ist eine Presseerklärung vom 16. Mai 1978.

Am vergangenen Mittwoch habe ich Crossroads zweimal besucht. Am Nachmittag suchte ich die mobile Klinik und die Schule auf. Die Kinder sangen, und eines der Lieder erzählte, auf welche Weise Siedlungen wie Crossroads zustandegekommen waren: »Matanzima hat kein Geld« – die Homelands sind aus Geldmangel nicht lebensfähig. Dann lernte ich eine jener großartigen Frauen kennen, die beschlossen hatten, das zu sein, was sie mit ihrem Ehegelöbnis versprochen hatten – die Ehefrauen ihrer Männer. Als ich eine von ihnen fragte, was sie tun wolle, wenn Crossroads dem Erdboden gleichgemacht würde, sagte sie: »Umfundisi, wir werden unsere Sachen packen und an anderer Stelle ein neues Lager einrichten. Wenn sie wollen, daß mein Mann hier für sie arbeitet, dann werden sie auch mich und meine Kinder hier unterbringen müssen.« Das ist der Geist von Crossroads – die Überzeugung, daß diese Menschen ein Recht darauf haben, als Familien zusammenzuleben.

Am Mittwochabend besuchte ich Crossroads zum zweiten Mal. Ich predigte bei dem jeden Mittwoch abgehaltenen Abendgottesdienst, der eingerichtet worden war, um die Solidarität der Bewohner der Townships mit den Siedlern zu demonstrieren. Im Versammlungssaal waren mehr als fünfhundert Menschen zusammengekommen. Ich halte es für unmoralisch und unchristlich, das Familienleben zu zerstören, *besonders* in einem Land, in dem es einen Feiertag mit der Bezeichnung »Familientag« gibt. Deshalb vereinige ich meine Stimme mit der jener Menschen, welche die Behörden aufgefordert haben, ihre Meinung auch noch zu dieser späten Stunde zu ändern. Zerstören Sie Crossroads nicht! Damit zerstören Sie ein ganzes Gemeinwesen, und das kann sich Südafrika nicht leisten.

Vierzehn Millionen Rand

Die Antwort des Bischofs Tutu auf die Frage eines Journalisten, was er tun würde, wenn er plötzlich über sehr viel Geld verfügte. Die Pressekonferenz wurde am 17. November 1978 abgehalten.

Sie müssen mich allerdings kneifen, um mich davon zu überzeugen, daß ich nicht träume. Unvorstellbar, vierzehn Millionen Rand zur freien Verfügung! Wir wissen natürlich, daß andere wesentlich mehr Übung darin haben ihr Geld loszuwerden. Ich kann Ihnen versichern, daß ich auf diesem Gebiet ein reiner Amateur bin und mich auch entsprechend verhalten werde. Weil mir jede Erfahrung fehlt, habe ich beschlossen, nur die Grundidee beizusteuern und den Experten die Einzelheiten zu überlassen. Das tun wir schließlich auch, wenn wir uns ein Haus bauen. Wir gehen zum Architekten, sprechen mit ihm über unsere Vorstellungen, und er setzt unsere Ideen in die Wirklichkeit um. Was unsere Leute vor allem brauchen, sind menschenwürdige Unterkünfte. Ein eigenes Haus gibt einem das Gefühl, schließlich dort angekommen zu sein, wo man hingehört, und nicht mehr das Leben eines Zugvogels führen zu müssen. Man bekommt Wurzeln, und deshalb möchte ich etwas gegen den schrecklichen Mangel an vernünftigen Unterkünften tun. Und es sollen nicht nur behelfsmäßige Hütten sein. Unsere schwarzen Menschen haben gezeigt, daß sie, wenn man ihnen die Möglichkeiten gibt und sie dabei unterstützt – eine

Hilfe, die den Weißen, den Indern und den Farbigen immer gewährt worden ist –, großartige Häuser bauen können. Ich selbst wünschte mir ein Haus, auf das der Besitzer stolz sein kann.

Dann würde ich in ein Unternehmen investieren wollen, das den Menschen die in jedem Gemeinwesen notwendigen Dienstleistungen zur Verfügung stellt, wie sie für andere Bevölkerungsgruppen in Südafrika eine Selbstverständlichkeit sind. Ich meine geteerte Straßen, eine funktionsfähige Abwasserbeseitigung, gepflasterte Bürgersteige, die uns davor bewahren, ständig Staub schlucken zu müssen, der unsere Gesundheit gefährdet und unsere blankgeputzten Schuhe unansehnlich macht. Ich wünschte mir eine ordentliche Straßenbeleuchtung, die dazu beiträgt, den zwielichtigen Gestalten in unseren Townships nachts das Handwerk zu legen, zu dem sie die Dunkelheit auf unseren schlecht beleuchteten Straßen ermuntert. Selbstverständlich gehörte zu meinem Plan auch der Ausbau des elektrischen Leitungsnetzes, damit wir nicht mehr so viel für Kohle, Kerzen und Paraffin ausgeben müssen. Der Smog, der am frühen Morgen und am Abend über unseren Townships hängt, gehörte dann der Vergangenheit an. Man stelle sich vor, wie günstig sich solche Maßnahmen auf unsere Gesundheit auswirken würden. Das würden wir mit Sicherheit sofort feststellen können.

Vielleicht wäre es ein Luxus, aber ich glaube, auch wir wissen schöne Dinge zu schätzen. Deshalb würde ich einen Teil des Geldes für die Anlage von Parks mit Blumen, Bäumen und Gras anlegen, wo Liebespaare

Arm in Arm spazierengehen können und wo lachende Kinder wie übermütige Lämmer auf dem geschorenen Rasen herumspringen. Man könnte sogar ein paar Schwimmbecken, Tennisplätze und Spielplätze anlegen, damit unsere Kinder nicht mehr auf der Straße spielen müssen. Ich wünschte mir mehr Bibliotheken und Einrichtungen, in denen die Menschen vernünftige Hobbies lernen können.
Das Geld, das mir nach der Schaffung solcher Einrichtungen übrig bleibt, würde ich für das Erziehungssystem ausgeben, für Kindergärten, festgebaute und gut ausgestattete Grundschulen mit Bibliotheken und – ja, staunen Sie nur – gut ausgestatteten Laboratorien. *In unserem Physik- und Chemieunterricht haben wir uns die Experimente nur vorstellen können.* Einen Teil des für die Erziehung bestimmten Geldes würde ich für Stipendien ausgeben, um unsere Kinder in die Lage zu versetzen, ihre Erziehung hier und im Ausland zu vervollständigen.
Ich würde diese Mittel aber auch dafür verwenden, es den Menschen zu ermöglichen, die geistige Enge Südafrikas zu verlassen, um andere Menschen in anderen Teilen der Welt kennenzulernen, wo sie erleben können, was es bedeutet, wirklich ein Mensch zu sein. Das ist ein befreiendes Erlebnis.
Und schließlich würde ich eine gewisse Summe für die Bezahlung eines Buchprüfers bereitstellen, der kontrollieren müßte, ob ich nicht etwa die Bücher gefälscht habe.

Das schwarze Bewußtsein und das Autofahren

Ein Artikel vom 9. November 1978 über die Eindrücke auf den täglichen Autofahrten von der Township Soweto zur Arbeit in Johannesburg. Inzwischen hat die Regierung einen Plan zur Versorgung von Soweto mit elektrischem Strom entworfen.

Jeden Morgen bilden sich lange Autoschlangen, die aus allen Teilen Sowetos auf der Hauptstraße nach Johannesburg zusammenströmen. Jeder möchte so bald wie möglich zu seinem Arbeitsplatz in der Stadt kommen. Die Autofahrer sind nervös, und aus den Auspuffrohren quillt dicker schwarzer Rauch. Motorroller sind die einzigen Fahrzeuge, die voranzukommen scheinen.

Das gleiche Gedränge von Autos, Omnibussen, Lastwagen und Kombis wiederholt sich am Abend auf der Heimfahrt, dorthin, wo über den Häusern der Smog in dichten Schwaden hängt. Ich wünschte mir, Soweto könnte mit elektrischem Strom versorgt werden. Das käme vor allem unserer Gesundheit zugute, und man stelle sich nur vor, wieviel man sparen könnte, um wieviel sauberer alles wäre und wie sich unser Lebensstandard damit heben würde.

Hier sitzen wir nun in dieser langsam dahinkriechenden Autoschlange, versuchen gelassen auszusehen und für unsere Geduld belohnt zu werden, und plötzlich tauchen diese Wagen auf – es sind fast nur Taxis –,

die rücksichtslos an der Schlange vorbeisausen. Sie fahren auf der Gegenfahrbahn, die eigentlich für den Gegenverkehr bestimmt ist. Manchmal sieht man, wie die Scheinwerfer der entgegenkommenden Autos aufblinken, um diesen rücksichtslosen Fahrern zu zeigen, wie gefährlich ihre Fahrweise ist. Manchmal werden die Wagen, die Vorfahrt haben, gezwungen, diesen undisziplinierten Fahrern auszuweichen, die offenbar glauben, wer sich in der Schlange hält, sei dumm. Aber ihre Fahrweise ist leichtsinnig, und sie gefährden das Leben der anderen Straßenbenutzer. So ist es nicht verwunderlich, daß wir in unseren Townships und deren näherer Umgebung ungezählte schwere Autounfälle haben.
Was kann man dagegen unternehmen? Kurzfristig ließe sich dadurch Abhilfe schaffen, daß diese Strecken während der Hauptverkehrszeiten von Verkehrspolizisten überwacht würden, die an alle undisziplinierten Fahrer erbarmungslos Strafzettel verteilen. Aber das ist eine unbefriedigende Lösung. Viel besser wäre es, wenn wir Schwarzen bewiesen, daß auch wir unseren Stolz haben, denn darum geht es, wenn wir von einem schwarzen Bewußtsein sprechen. Wir haben unseren Stolz und unsere Selbstachtung. Und wenn ich mich selbst achte, dann achte ich auch die anderen Schwarzen. Und diese Selbstachtung kommt auch in meiner Fahrweise zum Ausdruck.
Warum verhalten sich diese leichtsinnigen Fahrer in der Stadt ganz anders? Nun, sie fürchten sich vor den Weißen, aber sich selbst und die anderen Schwarzen mißachten sie. Sie müssen geistig befreit werden und

lernen, sich und andere Schwarze nicht gering zu achten.
Das ist schwarzes Bewußtsein beim Autofahren.

Eine Botschaft an die Journalisten

Die folgenden beiden Kapitel beschäftigen sich mit der Rolle der Presse in der Gesellschaft und nehmen jeweils Bezug auf die »Muldergate-Affäre«. Bei diesem politischen Skandal ging es um den ehemaligen Informationsminister, Dr. Connie Mulder, der einen Geheimfonds unterhalten hatte, aus dem verdeckte Zahlungen geleistet wurden, um das Ansehen Südafrikas im In- und Ausland zu fördern. Andeutungen über die Existenz dieses Fonds erschienen zum ersten Mal 1977 in der südafrikanischen Presse. Danach war mit diesen Geldern die regierungsfreundliche Zeitung »Citizen« unterstützt worden, und große Summen waren an Politiker in Großbritannien und den Vereinigten Staaten gezahlt worden, um sie zur Wahrnehmung südafrikanischer Interessen zu veranlassen. Ende 1978 bewiesen weitere an die Presse durchgesickerte Informationen die Beteiligung von Dr. Mulder an diesen Transaktionen, und im April 1979 sah er sich gezwungen, zunächst seinen Ministerposten und dann auch seinen Sitz im Parlament zur Verfügung zu stellen. Der Skandal zog weitere Kreise mit der Enthüllung, daß auch Staatspräsident Vorster maßgeblich beteiligt gewesen war, und auch er wurde zum Rücktritt gezwungen.

Ich glaube, der Beruf des Journalisten kann einem einerseits sehr viel Freude machen, wenn man das Gefühl hat, gute Arbeit geleistet zu haben, kann jedoch andererseits sehr frustrierend sein, wenn man bei der Suche nach der Wahrheit behindert wird. Es gibt immer Leute, die keinen besonderen Wert darauf legen, daß die Wahrheit allzu deutlich ans Licht kommt, denn die Wahrheit kann etwas sehr Gefährliches sein. Sie kann die Existenz von Männern und Frauen aufs Spiel setzen, und das haben wir in jüngster Zeit in den Vereinigten Staaten und im eigenen Land an den Beispielen von Watergate und »Muldergate« erlebt. Sie tragen in der Tat eine schwere Verantwortung, denn Ihre Aufgabe ist es, nach der Wahrheit zu suchen, und wenn Sie sie gefunden haben, dann sind Sie verpflichtet, diese Wahrheit, soweit das menschenmöglich ist, ohne Verzerrung und ohne Beschönigungen unter die Leute zu bringen. Dafür müssen Sie bereit sein, unter Umständen einen hohen Preis zu zahlen, denn die Mächtigen werden kaum zögern, ihre Macht einzusetzen, um diejenigen zu vernichten, die über Informationen verfügen, die peinliche oder sogar katastrophale Konsequenzen für Sie haben könnten. Ich möchte Sie als eine Bruderschaft ansehen, die sich darum bemüht, den höchsten Idealen und Traditionen Ihres Berufs treu zu sein, wenn Sie sich zum Beispiel weigern, sich einschüchtern zu lassen und sich den Wünschen der Mächtigen anzupassen oder das Vertrauen anderer zu mißbrauchen, selbst wenn Sie als Folge einer solchen Weigerung im Gefängnis landen könnten.

Sie sind die Wächter der Nation, besonders für den

kleinen Mann und die kleine Frau, die von den Mächtigen manipuliert und schäbig behandelt werden können. Sie haben die fast religiöse Pflicht, sich für diese Menschen einzusetzen, wie das auch die Kirche Jesu Christi tut. Sie müssen die Stimme der Sprachlosen sein und sie gegen den Machtmißbrauch erheben und für die Opfer der Unterdrückung, der Ausbeutung und der Ungerechtigkeit. Sie müssen die Augen einer Gesellschaft sein, die sich so oft gleichgültig und selbstzufrieden zeigt, damit die Menschen *sehen und erkennen* wie Gotteskinder herumgestoßen werden und man sie hungern läßt, nur weil eine rassistische Ideologie verlangt, daß ihr Gemeinwesen zerstört werden muß, weil es eine schwarze Siedlung auf weißem Territorium ist. Sie müssen die Ohren einer Gesellschaft sein, die taub geworden ist, um nicht die verzweifelten Rufe schwarzer Mütter und Kinder zu hören, die alleingelassen in einem unwirtlichen und unfruchtbaren »Homeland« am Rande des Existenzminimums leben, weil sich die Wirtschaft in Südafrika auf ein System der Wanderarbeiter stützt, ein System, das sogar die weiße holländische reformierte Kirche als Krebsgeschwür in unserer Gesellschaft verurteilt hat.

Sie müssen in einem Südafrika, das sich in der Krise befindet, eine entscheidende Rolle spielen. Ob es Ihnen gefällt oder nicht, Sie sind mächtige Leute und können die öffentliche Meinung entscheidend beeinflussen. Viele Menschen lesen außer ihrer Zeitung nichts. Viele Menschen, besonders in Südafrika, haben nur selten ihren kritischen Verstand benutzt und stellen deshalb kaum etwas in Frage, was sie gelesen haben. Deshalb tragen Sie eine schwere Verantwortung. Einiges von dem, was Sie schreiben, mag Ihnen nicht so wichtig erscheinen, und doch beeinflussen Sie damit die Haltung und die Auffassung der Menschen. Ich erinnere mich noch, wie die englische Presse vor vielen Jahren über einen Unfall berichtete: »Drei Personen und ein Eingeborener wurden verletzt.« Das war ungewollt Ausdruck und Bestätigung der Vorstellung der Weißen, daß »Eingeborene« zwar Menschen waren, aber... Ich bin überzeugt, die Tatsache, daß die meisten Zeitungen heute jeden, mag er nun schwarz oder weiß sein, als Mr., Miss oder Mrs. bezeichnen, muß eine, wenn auch zunächst kaum wahrnehmbare Auswirkung auf die allgemeine Einstellung zum Rassenproblem haben.

Niemand kann bezweifeln, daß Sie bestimmte Ansichten bestärken, wenn Sie gewisse Gruppen entweder als Terroristen, Freiheitskämpfer oder Insurgenten bezeichnen. Ich kann nur beten, daß Gott Ihnen Mut und Weisheit verleihen wird, denn was Sie schreiben und wie Sie es schreiben wird entscheidende Auswirkungen auf die Zukunft unseres geliebten Landes haben.

Die schwarzen Journalisten und die schwarze Bevölkerungsgruppe

Wie kann man behaupten, David Livingstone habe die Victoria-Wasserfälle entdeckt? Hat es denn dort nicht Menschen gegeben, die diese Fälle vielleicht an jedem Tag ihres Lebens gesehen haben, bevor Livingstone sie angeblich entdeckte? Das war eine Entdeckung für die *Weißen*, und die Geschichte wurde in einer Art geschrieben, die ihrem Weltbild entsprach.
Ich sage, Sie sind verpflichtet, die Wahrheit zu sagen und nichts als die Wahrheit, aber aus der schwarzen Perspektive. Ich glaube auch, daß Sie verpflichtet sind, für die Befreiung unseres Volkes zu arbeiten. Sie müssen sich an der Bewegung für die Pflege des schwarzen Bewußtseins beteiligen, die sich darum bemüht, die Schwarzen an ihr großartiges Erbe als Kinder Gottes zu erinnern, an die Tatsache, daß sie nicht nur ein schwacher Abklatsch anderer menschlicher Wesen sind, sondern daß jeder einzelne von ihnen ein unvergleichliches Original ist und daß sie in den Augen Gottes einen ungeheuren, ja unendlichen Wert besitzen.
Ich kann mich noch sehr lebhaft daran erinnern, wie mich die schwarze amerikanische Zeitschrift »Ebony« in meiner Jugend inspiriert hat. Es erwärmte mir das Herz, wenn ich darüber nachdachte, welche Schwierigkeiten ich dabei hatte weiterzukommen und dann las, wie es meine Brüder und Schwestern in den Vereinigten Staaten geschafft hatten, wenn auch unter großen Schwierigkeiten. Ich verstand damals nichts vom

Baseballspiel, aber ich war begeistert, als Jackie Robinson in die erste Liga aufgenommen wurde und für die Brooklyn Dodgers spielen durfte. Wie sehr haben Filme wie »Stormy Weather« vielen von uns das Selbstbewußtsein gestärkt. Ich glaube nicht, daß es ein besonders wertvoller Film war, aber die Schauspieler waren alle schwarz, und das hatte damals etwas zu bedeuten.

Sie haben eine ganz wichtige Aufgabe damit zu erfüllen, daß Sie auf die großartigen Leistungen Schwarzer hinweisen und unseren Brüdern und Schwestern sagen, sie könnten sich gegen alle Widerstände durchsetzen, und nur der weite Horizont sei die Grenze. Wir müssen stolz auf Sie sein können, damit niemand behaupten kann, »wir haben es doch schon immer gesagt, diese Schwarzen taugen nichts«. Wenn Sie versagen, dann belastet uns das alle. Aber wenn Sie Erfolg haben, dann wird es heißen, »oh, das ist ein ausgezeichneter Mann«. Aber bilden Sie sich nichts darauf ein. Enttäuschen Sie uns nicht. Sie haben eine Waffe in der Hand, von der diese Leute glauben, sie sei stärker als das Schwert – die Feder. Die südafrikanische Regierung hat vierundsechzig Millionen Rand ausgegeben, weil sie das glaubte.

Eine Osterbotschaft

An jenem ersten Karfreitag war Jesus am Kreuz wirklich gestorben, und auch die Hoffnungen seiner Jünger schienen mit seiner Kreuzigung gestorben zu sein. Seine Anhänger waren von tiefster Verzweiflung ergriffen, als sie ihren Meister wie einen gemeinen Verbrecher am Kreuz hängen sahen. Die Finsternis, die an jenem Freitag drei Stunden die Erde bedeckte, symbolisierte das abgrundtiefe Dunkel ihrer Hoffnungslosigkeit.
Und dann geschah das Osterwunder. Jesus wurde von den Toten erweckt. Das Unglaubliche, das Unerwartete geschah. Das Leben triumphierte über den Tod, das Licht über die Dunkelheit, die Liebe über den Haß, das Gute über das Böse. Das ist die Bedeutung des Osterfestes – die Hoffnung ist stärker als die Verzweiflung. Jesus regiert als Herr aller Herren und König der Könige. Unterdrückung, Ungerechtigkeit und Leiden können nicht die Bestimmung des Menschen sein. Freiheit und Gerechtigkeit, Friede und Versöhnung sind nach seinem Willen für uns alle da, für die Schwarzen und die Weißen, in diesem Land und in der ganzen Welt. Ostern sagt uns, daß sich Sein Wille gegen alle Widerstände durchsetzen wird. Die Gerechtigkeit wird über die Ungerechtigkeit und Unterdrückung, der Friede über Ausbeutung und Bitterkeit siegen.
Der Herr ist auferstanden. Halleluja.

Die Freiheit kommt bestimmt

Die Gewißheit der Befreiung

Der Text eines Artikels vom 8. November 1978.

Oft hören wir, daß die Menschen aus der Geschichte lernen – um nicht die Fehler der Vergangenheit zu wiederholen und sich die Erfahrungen anderer zunutze zu machen. Aber ein Zyniker erklärte im Hinblick auf unsere traurige Vergangenheit: »Wir lernen aus der Geschichte, daß wir nichts aus der Geschichte lernen.« Die Richtigkeit dieser Bemerkung bestätigt sich immer wieder. Wir haben eine erstaunliche Geschicklichkeit darin, uns selbst zu täuschen. Wenn wir unsere Straßen entlangfahren, sehen wir die Autowracks am Straßenrand – Wagen, die aus diesem oder jenem Grunde dort gelandet sind. Und jedesmal sagen wir uns, mir hätte das nicht passieren können – es sind immer die anderen, denen so etwas passiert.

Ich schreibe das, um meine Überzeugung zu illustrieren, daß die Befreiung und die Freiheit der Schwarzen in diesem Lande unvermeidlich sind. Und die Befreiung der Schwarzen wird zugleich auch die Befreiung der Weißen bedeuten, weil sie niemals wirklich frei sein können, solange die Schwarzen unfrei sind. Es gibt keine geteilte Freiheit – die Freiheit ist unteilbar. Gegenwärtig erleben wir es, wie unsere weißen Mitbürger in Südafrika alle Anstrengungen unternehmen, um ihre sogenannten besonderen Freiheiten und Privilegien zu schützen. Aber sie haben kaum Zeit, sich daran zu freuen, weil sie ständig damit beschäftigt sind, ihre Einbruchsicherungen und das Alarmsystem zu prüfen, sich zu vergewissern, daß die Pistole unter dem Kopfkissen liegt und der Wachhund auch wirklich scharf ist. Was für diese Dinge aufgewendet wird, könnte in kreativerer Weise für die Verbesserung der Lebensqualität des ganzen Gemeinwesens gebraucht werden. Unsere weißen südafrikanischen Mitbürger glauben, ihre Sicherheit läge in einem gewaltigen und wirksamen Waffenarsenal. Aber wenn sie ehrlich sind, müßten sie zugeben, daß die Sicherheit von uns allen nur in einer Bevölkerung gewährleistet ist, deren schwarze und weiße Mitglieder einigermaßen zufrieden sind, weil sie gemeinsam die guten Dinge des Lebens genießen können, an deren Erzeugung alle, die Schwarzen und die Weißen, zusammengearbeitet haben.

Warum also glaube ich, daß die Befreiung der Schwarzen unvermeidlich ist? Oder um es anders auszudrükken: »Warum glaube ich, daß ein echter Wandel und nicht nur kosmetische Veränderungen unvermeidlich ist?« Ich glaube das, weil sogar die Regierung davon überzeugt ist, daß es geschehen muß. Vor langer Zeit, vor sehr langer Zeit hat man uns gesagt, die Rassendiskriminierung in Südafrika werde allmählich aufgehoben werden. Wir sind uns fast alle einig darin, daß ein Wandel auf diesem Gebiet notwendig ist. Der ehemalige Premierminister, Mr. Vorster, hat das so klar erkannt, daß er erklärte, wenn das nicht geschähe, stün-

den wir alle vor einer unausdenkbar schrecklichen Alternative.
Aber ich glaube, die Geschichte lehrt uns etwas ganz Grundsätzliches: Wenn sich Menschen entschlossen haben, ihre Freiheit wiederzugewinnen, dann kann nichts auf der Welt sie daran hindern, dieses Ziel zu erreichen. Im achtzehnten Jahrhundert erfreute sich Großbritannien einer Hegemonie, aus der sich die sogenannte Neue Welt entwickelte. Es herrschte über die dreizehn nordamerikanischen Kolonien ebenso wie über das eigene Land. Aber die Kolonien begannen sich aufzulehnen und empfanden die koloniale Abhängigkeit als etwas Unerträgliches. Sie hatten gehört, daß die Abgeordneten im britischen Parlament sich für ihre Unabhängigkeit ausgesprochen und erklärt hatten: »Eine Besteuerung ohne eine parlamentarische Vertretung bedeutet Tyrannei.« Als ihre Appelle, mit denen sie die Selbstverwaltung verlangten, auf taube Ohren zu stoßen schienen, warfen die dreizehn Kolonien trotz ihrer politischen und militärischen Schwäche dem furchterregenden britischen Weltreich den Fehdehandschuh hin. Ihr Gegner schien ihnen weit überlegen zu sein, doch am Schluß trugen die dreizehn Kolonien nach Überwindung größter Schwierigkeiten doch den Sieg davon. Niemand hätte am Tag der Unterzeichnung ihrer Unabhängigkeitserklärung, am 4. Juli 1776, geglaubt, daß die dreizehn Kolonien siegen und damit das Fundament für die heutigen Vereinigten Staaten von Amerika legen würden.
Die Geschichte bietet uns noch viele andere Beispiele. In der Französischen Revolution wurde in Frankreich

unter dem Motto Freiheit, Gleichheit, Brüderlichkeit trotz großer Schwierigkeiten ein Unterdrückungssystem beseitigt. In neuerer Zeit haben wir in den Vereinigten Staaten die Erfolge der Bürgerrechtsbewegung und die Befreiung des sogenannten schwarzen Kontinents von der Kolonialherrschaft erlebt. Dann gab es den bewundernswerten Widerstand der bäuerlichen Bevölkerung in Vietnam, dem zunächst die Franzosen weichen mußten und mit dem anschließend, so unglaublich das klingt, die mächtigste Nation der Welt, die Vereinigten Staaten, im Kampf für das Recht der Selbstbestimmung eines kleinen Volkes geschlagen wurden. Schließlich erinnere ich an die Geschichte der weißen Südafrikaner. Sie glaubten, die Opfer britischer Ausbeutung und Mißverständnisse zu sein. Und wir wissen, was dann geschah. Sie triumphierten und stehen heute auf dem Gipfel ihrer Macht.

Es scheint daher ein universal geltendes Gesetz zu sein, daß Menschen, die entschlossen sind, sich zu befreien, durch nichts daran gehindert werden können. Weshalb sollte man annehmen, daß diese Regel nicht auch für die Schwarzen in Südafrika gilt?

Denen unter uns, die den Mut verloren haben und die Hoffnung aufgeben wollen, möchte ich versichern, daß wir frei sein werden. Verzweifelt nicht. Wir werden frei sein, weil unsere Sache eine gerechte Sache ist. Wir wollen nicht andere beherrschen. Wir wollen nur als Menschen voll anerkannt werden. Unsere Freiheit wird kein Geschenk der Weißen sein. Sie können nicht entscheiden, ob sie uns ein solches Geschenk geben oder es verweigern wollen. Unsere Freiheit ist ein uns von Gott verliehenes unveräußerliches Recht. Und der Gott, den wir verehren, hat stets bewiesen, daß Er sich auf die Seite des Rechts stellt. Er ist ein Gott, der dem Bösen, der Ungerechtigkeit und der Unterdrückung Einhalt gebietet. Er ist ein Gott, der sich auf die Seite der Unterdrückten stellt, denn das ist Seine Art, und Er tut es nicht, weil die Unterdrückten moralisch besser sind als ihre Unterdrücker. Wenn Er die Unterdrückten und Ausgebeuteten befreit, dann will er auch jene befreien, die von ihrer menschlichen Sündhaftigkeit versklavt worden sind. Laßt uns froh sein. Laßt uns aufrecht und erhobenen Hauptes in die Zukunft gehen. Gott sorgt für uns und wird entscheidend eingreifen, um unserem Land Gerechtigkeit, Frieden und Versöhnung zu bringen. Schwarze und Weiße werden gemeinsam in dieses neue Südafrika voranschreiten, wo jeder einzelne Mensch etwas gilt, weil er nach dem Bilde Gottes, des Befreiers Gott, geschaffen wurde und daher einen unermeßlichen Wert besitzt.

Die gegenwärtige Stimmung in der schwarzen Bevölkerung

Das Unternehmen Silverton war eine Operation des ANC (African National Congress) – ein Angriff auf eine Bank–, und entwickelte sich zu einer Belagerung, in deren Verlauf drei Männer des ANC getötet wurden.

Vor einigen Wochen wurde einer der bewaffneten Beteiligten am Unternehmen Silverton in Soweto beerdigt. Fünfzehntausend Menschen nahmen an der Beisetzungsfeierlichkeit teil. Die meisten waren junge Schwarze. Sie hatten ganz andere Vorstellungen als die meisten Weißen, die in dem Toten einen Terroristen sahen. Die Schwarzen verehrten ihn und seine Kameraden als Helden. Ich bin sicher, alle, die dem Sarg folgten, wußten, daß sie es mit der Polizei zu tun bekommen würden. Sie mußten damit rechnen, daß ihnen in den Tränengasschwaden die Augen brennen würden und sie sich vorsehen mußten, nicht von den scharfen Polizeihunden gebissen zu werden. Und doch kamen sie zu Tausenden mit erhobenen Fäusten und unseren Freiheitsliedern auf den Lippen: »Laßt unser Land in Frieden«, und »Gott gib uns Kraft, gib uns Kraft, die unsere Furcht besiegt, gibt uns Kraft, weil wir sie brauchen.«
Ich möchte auf etwas hinweisen, das die meisten Weißen und auch viele erwachsene Schwarze noch nicht wissen. Es ist folgendes: Wir haben jetzt einen neuen Typ schwarzer Menschen, und das sind die jungen

Leute, die sich an der Beerdigung des Mannes beteiligten, der beim Überfall auf die Silvertonbank getötet worden war. Wir Angehörigen einer älteren Generation fürchten uns im allgemeinen vor Festnahmen, Polizeihunden, Tränengas, vor dem Gefängnis und vor dem Tod. Aber diese jungen Leute sind ganz anders. Sie haben das alles schon erlebt – ja, sie haben Freunde, Brüder und Schwestern sterben sehen, und sie haben keine Angst mehr. Sie sind nur noch entschlossen. Sie sind entschlossen, die Freiheit zu gewinnen, für sich und für ihre verängstigten Eltern. Sie glauben, sie hätten sich schon zu lange Abend für Abend die Erzählungen ihrer Eltern über die täglichen Demütigungen angehört, die sie hatten ertragen müssen, nur weil sie Schwarze waren. Jetzt haben sie genug davon, und sie haben sich zu jungen Menschen mit stählernen Herzen entwickelt. Sie sind von einem neuen Geist der Entschlossenheit ergriffen. Die meisten von ihnen glauben, sie könnten ihr Ziel, die echte Befreiung in einem vereinten Azania, wie sie es nennen, nur mit Blutvergießen und Gewalt erreichen. Sie sagen das – und das ist das Erschütternde daran – in einem ganz ruhigen und sachlichen Ton. Sie sagen, ihre Führer hätten es mit allen ihnen zur Verfügung stehenden friedlichen Mitteln versucht und keinen Erfolg dabei gehabt.

Die Entschlossenheit dieser jungen Menschen hat sich inzwischen auch auf ihre Eltern übertragen, deren politisches Bewußtsein durch viele Dinge geweckt worden ist – durch die zunehmende Arbeitslosigkeit, das endlose Schlangestehen, die demütigenden Paßkontrollen, die Unzulänglichkeit des Erziehungssystems, die überfüllten Busse und Eisenbahnen –; man könnte diese Liste noch beliebig verlängern. Auch ihr Unmut wächst, wenn sie unmittelbar neben der Armut, in der sie leben müssen, so viel Reichtum sehen, und der Sieg von Mr. Mugabe in Simbabwe hat auf alle Schwarzen elektrisierend gewirkt. Die meisten von ihnen jauchzten vor Freude, als sie erfuhren, daß es hier gelungen war, das Tor zur Freiheit aufzustoßen. Sie beginnen jetzt daran zu zweifeln, daß noch eine Möglichkeit besteht, eine Systemveränderung mit friedlichen Mitteln herbeizuführen, da alles in die entgegengesetzte Richtung zu deuten scheint. Das Land rüstet auf, die Behörden ergreifen immer schärfere Maßnahmen gegen politische Führer, die das System auf friedliche Weise verändern wollen, und immer noch werden viele Menschen in die Homelands ausgesiedelt, um dort zu verhungern. Verbitterung, Zorn und Haß nehmen zu, und das könnte nur allzu leicht zu einer ganz Südafrika erfassenden Explosion führen. Vor zwei Jahren habe ich in Pietermaritzburg über die Möglichkeit einer friedlichen Veränderung der politischen Verhältnisse gesprochen. Anschließend sagte mir ein etwa zwölfjähriger Junge: »Vater, ich habe gehört, was Sie gesagt haben. Glauben Sie das wirklich?« Ich sagte: »Ja, aber manchmal kann ich nur mit letzter Kraft an diesem Glauben festhalten.« Er antwortete: »Zeigen Sie mir, was Sie mit all Ihren Reden über friedliche Veränderungen erreicht haben, und ich werde Ihnen zeigen, was wir mit ein wenig Gewalt erreicht haben.«

Ich möchte Ihnen noch ein Beispiel für die Entschlossenheit unserer jungen Schwarzen geben. Vor einiger Zeit habe ich vor einem Gericht in Pretoria als Entlastungszeuge eine Aussage gemacht. Die Angeklagten – zwölf Männer wurden beschuldigt, an einer militärischen Ausbildung teilgenommen zu haben – hatten darum gebeten, daß Pfarrer Buti oder ich zu ihren Gunsten aussagen und um eine milde Strafe bitten sollten. Pfarrer Buti war an diesem Tag verhindert, und deshalb freute es mich besonders, mich an seiner Stelle für diese Leute einsetzen zu können. Ich sage ausdrücklich, daß ich das als ein besonderes Privileg empfand. Sie werden es verstehen, wenn Sie mich weiter anhören.

Einige der Angeklagten waren noch jung und hatten fast sechzehn Monate in Untersuchungshaft gesessen. Wir wissen nicht, was man während dieser Zeit mit ihnen getan hat, aber einen Teil der Zeit waren sie im Hochsicherheitstrakt des Gefängnisses von Pretoria untergebracht. Hier befinden sich auch die Todeszellen, die fast immer mit Schwarzen belegt sind. Ich rechnete also damit, Menschen zu sehen, aus denen jeder Widerstandswille herausgeprügelt war. Sechs von ihnen wurden an jenem Morgen schuldig gesprochen, und sie wußten, daß der Strick des Henkers über ihren Köpfen hing. Aber was erlebte ich im Gericht? Unmittelbar bevor der Richter den Gerichtssaal betrat, waren diese Angeklagten die lebendigsten Menschen im ganzen Raum.

Einer von ihnen sagte in seinem Schlußwort vor der Urteilsverkündung: »Euer Lordschaft, ich bin mit offenen Augen in diese Sache hineingegangen. Ich habe die Vision eines neuen Südafrika vor Augen, wo jeder Mensch etwas gilt, weil er ein menschliches Wesen ist, und wo die Hautfarbe keine Bedeutung hat. Das Tragische ist, daß es einen so hohen Preis kosten wird, dieses Südafrika entstehen zu lassen. Ich bin noch jung und noch nicht lange verheiratet. Wir haben ein Kind. Ich wünsche mir, mit meiner Frau zusammenzuleben und noch mehr Kinder zu haben. Aber ich bin bereit, jede Strafe auf mich zu nehmen, zu der Sie mich zu verurteilen wünschen. Ich werde dieses neue Südafrika vielleicht nicht mehr erleben, aber mein Bruder wird es erleben.«

Die Auswirkungen der Unruhen in Soweto

Die Unruhen in der acht Kilometer außerhalb von Johannesburg gelegenen Township Soweto wurden von der gesamten weißen Bevölkerung mit großer Sorge aufgenommen. Am 16. Juni 1976 demonstrierten Tausende von Schulkindern mit Protestmärschen gegen eine Verfügung, mit welcher der vermehrte Gebrauch des Afrikaans in den Schulen angeordnet wurde. Als die Polizei den dreizehnjährigen Hector Peterson erschoß, kam es in ganz Südafrika zu Protestkundgebungen. Während der vom Juni 1976 bis zum Januar 1977 überall veranstalteten Protestmärsche kamen etwa fünfhundert junge Schwarze ums Leben.

Viele Kommentatoren beantworteten die Frage nach der Situation in Südafrika nach dem 16. Juni 1976 mit einem abgedroschenen Klischee: »Südafrika wird nie wieder das alte sein.« Das ist zwar eine recht primitive Feststellung, aber die Ereignisse haben bewiesen, daß sie der Wahrheit entspricht.

Vor jenem verhängnisvollen Tag waren die meisten von uns davon überzeugt, wer eine Schulbildung im Rahmen des Bantu-Erziehungssystems genossen hatte, könne kaum etwas anderes sein als ein unterwürfiger, kritikloser Konformist. Wir glaubten nicht, daß diese jungen Menschen fähig sein würden, so diszipliniert zu protestieren. Und doch waren es gerade diese Kinder, die anstelle einer vernünftigen Schulbildung mit einer so dünnen Suppe gefüttert worden waren, die deutlich und unüberhörbar erklärten: »Jetzt reicht es uns. Wir sind Gottes Kinder und nach seinem Ebenbild geschaffen. Wir bestehen auf unserem Geburtsrecht und einem Erziehungssystem, wie es auch für die Kinder anderer rassischer Gruppen in Südafrika vorgesehen ist.« Ja, die Haltung dieser Kinder hat uns alle überrascht, auch ihre Eltern. Sogar die Sicherheitspolizei, die überall in der schwarzen Bevölkerung ihre Spitzel eingeschleust hatte, war überrascht. Mit einer solchen Reaktion der Kinder hatte man nicht gerechnet. Wir wissen heute, daß das Erziehungsproblem und der Versuch, das Afrikaans in den Schulen durchzusetzen, nur der äußere und unmittelbare Anlaß für die Empörung der Schüler gewesen sind. In Wirklichkeit protestierten sie gegen das ganze Apartheidssystem der legalisierten Inferiorität,

der Unterdrückung, der Ungerechtigkeit und der Ausbeutung. Sie sagten: »Wir sind Südafrikaner und verlangen den uns zustehenden Anteil am Reichtum dieses Landes und seinen Errungenschaften auf sozialem, politischem, wirtschaftlichem und erzieherischem Gebiet. Wir brauchen unsere Existenz nicht zu rechtfertigen. Gott hat uns nicht versehentlich als Schwarze geschaffen, und wir werden uns an allen Entscheidungen beteiligen, besonders den politischen, die unser Leben beeinflussen. Nichts wird uns daran hindern, unsere Freiheit zurückzugewinnen. Unsere Freiheit ist eine Gabe Gottes und nicht etwas, das die Weißen uns willkürlich verweigern oder gewähren können.«
Diese Botschaft ist überall in unserem schönen und geliebten Land zu hören. Vier Jahre später wurde sie von den sogenannten Farbigen aufgenommen, die dagegen protestierten, als Bürger dritter Klasse behandelt zu werden. Heute macht sich eine neue Entschlossenheit bemerkbar. Alle Schwarzen (Inder, Farbige, Afrikaner) wissen, daß sie unterdrückt werden. Eine Frau kann nicht halbschwanger sein. Entweder wird man unterdrückt, oder man ist frei. Zu der Entschlossenheit, die Freiheit für uns alle zu gewinnen, für die Schwarzen und die Weißen, ist eine neue Solidarität hinzugekommen, und nichts, aber auch gar nichts kann uns mehr aufhalten. Es gibt viele Menschen, die bereit sind, die Gefangenschaft, das Exil oder sogar den Tod auf sich zu nehmen, um für alle Bewohner eines vereinten Südafrika das große Ziel der Freiheit zu erreichen. Wir sind aufgerufen, für diese Befreiung zu arbeiten, denn sonst werden wir in einer Katastrophe

zugrunde gehen, die zu grausig ist, als daß man sie sich vorstellen könnte.
Nkosi sikelel' i Afrika – Morena Boloka sechaba sa heso (Gott schütze Afrika). Laß es so sein (Makubenjalo). Ja, Südafrika kann nach dem, was am 16. Juni 1976 geschehen ist, nie wieder das alte sein.

Freiheit für Nelson Mandela

Der seit 1962 eingekerkerte Nelson Mandela ist der Führer des ANC. Er wurde 1918 geboren, arbeitete als Rechtsanwalt in Johannesburg und leitete eine Kampagne zur Nichtbeachtung von 1952 erlassenen ungerechten Gesetzen. 1956 wurde er mit einhundertfünfundfünfzig anderen wegen Hochverrats unter Anklage gestellt, aber 1960 zusammen mit allen Beschuldigten freigesprochen. Nach Sharpeville ging er in den Untergrund. Seine Anhänger bezeichneten ihn als »Black Pimpernel«. Hier leistete er auch weiterhin wertvolle organisatorische Arbeit. 1962 ging er ins Ausland, um die Unterstützung afrikanischer Staatsoberhäupter und von Politikern in London zu gewinnen. Doch sehr bald nach seiner Rückkehr wurde er in Südafrika verhaftet und zu fünf Jahren Gefängnis verurteilt, weil er zu Streiks aufgerufen und das Land ohne gültigen Paß verlassen hatte. Nach der polizeilichen Durchsuchung des geheimen Hauptquartiers des ANC in Rivonia, einem Bezirk von Johannesburg, wurde er aus seiner Zelle geholt und mit acht anderen der Sabotage und der Verschwörung zum Sturz der Regierung angeklagt. Ein

Angeklagter wurde freigesprochen, aber die acht übrigen, unter ihnen auch Mandela, wurden zu einer lebenslangen Gefängnisstrafe verurteilt.

Das Folgende ist der Text einer Ansprache vom 28. April 1980 an der Natal University.

Ich glaube, wir werden in fünf bis zehn Jahren in Südafrika einen schwarzen Premierminister haben. Kein vernünftiger Mensch hält es heute noch für möglich, daß eine weiße Minderheit, die gegenüber den Schwarzen nur ein Fünftel der Gesamtbevölkerung ausmacht, auf die Dauer die Mehrheit beherrschen kann. So etwas widerspräche jeder historischen Logik.

In den letzten Jahren ist es auch in der weißen Bevölkerung Südafrikas zu bedeutsamen Entwicklungen gekommen. Bisher glaubten wir, die Gruppe der Afrikaner, der herrschenden Schicht in unserem Land, sei eine monolithische, erstarrte Einheit, die sich allen Bemühungen widersetzen werde, ihre Machtposition zu erschüttern. Das ist heute nicht mehr der Fall. In der Afrikaans Church gibt es eine deutlich erkennbare Unruhe. Diese Kirche hat seit jeher der Existenz der Bevölkerungsgruppe der Afrikaner die religiöse und moralische Rechtfertigung gegeben. Doch heute besteht in der religiösen Manifestation der Afrikaner nicht mehr jene furchteinflößende Solidarität und Einigkeit.

Der Presseskandal (»Muldergate«) hat viele grundsatztreue Mitglieder der afrikanischen Gemeinde erschüttert. Für viele bedeutete dieser Fall nicht nur eine Enttäuschung, sondern er wirkte geradezu traumatisch. Er erschütterte das Fundament ihres Glaubens, daß ihre Methoden gelegentlich vielleicht schmerzliche Konsequenzen haben könnten, sich grundsätzlich aber moralisch rechtfertigen ließen. Es könnte sein, daß diese Menschen, sobald sie erkennen, daß sich die Apartheid nicht mehr aus der Heiligen Schrift rechtfertigen läßt, jede Vorsicht in den Wind schlagen und jeder Methode zustimmen, die ihnen das Überleben garantiert. Es könnte auch sein, daß sie sich, wenn sie sich von einem gemeinsamen Feind bedroht fühlen, wieder in ihre Wagenburg zurückziehen. Worauf ich jedoch hinweisen möchte, ist die Tatsache, daß wir es nicht mehr mit einer geschlossenen Gruppe zu tun haben, die weiß, wohin sie geht und wie sie dorthin gelangen kann. Das wird entscheidende politische Folgen haben.

Muß ich noch sagen, daß die Afrikaner durch ihre eigenen Schriftsteller und Literaten psychologisch verunsichert sind, die kategorisch erklärt haben, die Zensur sei unerträglich? Und wie steht es mit den in Afrikaans erscheinenden Zeitungen, in denen zu lesen war, die Weißen müßten bereit sein, ihren Besitz mit anderen zu teilen, oder riskieren, alles zu verlieren? Diese Zeitungen haben den Behörden sogar empfohlen, mit den *wirklichen* Führern der Schwarzen zu sprechen. Das alles zeigt, daß wir es mit einer neuen Art von Afrikanern zu tun haben, die angesichts der bevorstehenden Katastrophe realistischer in die Zukunft sehen. Zwar sollten wir uns nicht zu sehr darüber freuen, aber das sind die Hinweise auf einen Gesinnungswandel bei den Afrikanern.

Der Premierminister hat Dinge gesagt, die wir von einem nationalistischen Premierminister nicht erwartet hätten. Er hat gesagt, »paßt Euch an oder sterbt«. Und er ist ein Realist, dem seine Militärberater gesagt haben, daß die Weißen weder einen konventionellen noch einen nicht konventionellen Krieg gewinnen können, an dem sich achtzig Prozent der Bevölkerung nicht beteiligen. Ich habe mich hier so eingehend mit den Afrikanern beschäftigt, weil sie den Schlüssel zur politischen Macht in der Hand halten und es am Schluß zu einem Gespräch zwischen den Afrikanern und den Schwarzen kommen *muß*.

Die Schwarzen verfügen vielleicht nicht über eine starke militärische Kapazität. Aber wir haben als Verbraucher einen starken Einfluß, und Südafrika ist immer noch weitgehend von unserer Arbeitskraft abhängig. Wir sind zwar noch nicht richtig organisiert, aber die latente Macht besteht. Alle Verbote, Festnahmen und Umsiedlungen werden unsere Befreiung nicht verhindern können. Dadurch wird das Unvermeidliche nur hinausgeschoben. Es werden Bitterkeit und Haß geschürt, auf die wir gern verzichten könnten, wie wir es am Beispiel von Simbabwe gesehen haben. Nun gut – innerhalb der nächsten fünf bis zehn Jahre wird es in Südafrika einen schwarzen Premierminister geben. Die Weißen werden diese Entwicklung nicht aufhalten können. Aber sie können entscheiden, ob dieser Premierminister seinen Posten als Ergebnis vernünftiger Verhandlungen und Gespräche am Konferenztisch antreten wird, oder ob das nur nach erbitterten Kämpfen und Blutvergießen geschehen kann. Ich glaube, es

besteht durchaus die Hoffnung auf eine Verwirklichung der ersten Alternative. Und wir brauchen Nelson Mandela, denn er wird höchstwahrscheinlich der erste schwarze Premierminister sein. Er ist der Repräsentant all unserer anerkannten Führer, die heute im Gefängnis sitzen oder im Exil leben. Wenn wir also seine Freilassung fordern, dann heißt das mit anderen Worten, wir wollen uns alle, die Schwarzen und die Weißen, zusammensetzen und über unsere gemeinsame Zukunft beraten, damit wir dieses neue Südafrika verwirklichen können, in dem Gerechtigkeit, Frieden, Liebe, Rechtschaffenheit, Mitgefühl und gegenseitige Zuwendung herrschen werden.
Einigen Politikern möchte man sagen: »Lernt wenigstens eines aus den Ereignissen in Simbabwe – gebt keine so kategorischen Erklärungen ab. Ihr werdet Eure Worte schlucken müssen. Haltet Euch Mr. Ian Smith und seinen Ausspruch vor Augen, ›keine Herrschaft der schwarzen Mehrheit in den nächsten tausend Jahren‹.« Möglicherweise werden einige Politiker am Schluß nicht mehr gebraucht werden. Der Ruhestand wird ihnen vielleicht guttun.
Gott liebt seine Kinder in Südafrika. Er hat gesagt, ich will euch ein Beispiel dafür geben, wie eine politische Krise *nicht* gelöst werden kann – und Er hat uns mit den Vorgängen in Simbabwe eine Lektion erteilt. Die Menschen dort hätten diesen Abschnitt in ihrer Geschichte auch erreichen können, ohne dafür den Preis von mehr als zwanzigtausend Toten, Verwüstungen, Verbitterung und Haß zahlen zu müssen. Ich glaube, wir können ein neues nicht rassistisches Afrika haben und

dieses Ziel einigermaßen friedlich erreichen, aber das bedeutet, wir müssen uns an den Konferenztisch setzen und eine Lösung aushandeln, und das kann nur in Gesprächen mit den echten und anerkannten Führern geschehen. Deshalb unser Aufruf, laßt Mandela frei und beginnt die Gespräche.

Die Schwarzen und ihr Einfluß als Verbraucher – auch hier können wir den Hebel ansetzen

Die Schwarzen haben nicht nur als Verbraucher einen beträchtlichen Einfluß, sondern es ist auch ihre Arbeitskraft, der Südafrika seinen Wohlstand zu verdanken hat. In den letzten Jahren sind die schwarzen Gewerkschaften wesentlich stärker geworden und werden zunehmend von der Bevölkerung unterstützt. Der Streik der städtischen Arbeiter in Johannesburg von 1980, mit dem die Arbeiter für Lohnerhöhungen kämpften, war ein Zeichen dafür, daß der Einfluß der Gewerkschaften immer deutlicher spürbar wurde und sie beim Aufbau einer gerechteren Gesellschaft eine wichtige Rolle spielen konnten.
Das Folgende ist ein Auszug aus einer Ansprache zur Eröffnung der schwarzen Supermarktkette in Johannesburg am 16. Februar 1980.

Heute sind wir zusammengekommen, um Gott zu danken, zu danken für eine neue Errungenschaft der

Schwarzen. Ich möchte das unterstreichen; der Schwarzen. Ich tue das, weil es in unserem Land noch viele Schwarze und Weiße gibt, die immer noch glauben, die Schwarzen seien nicht fähig, so etwas zu tun. Wenn ein Schwarzer Erfolg gehabt hat, dann hört man oft, »nun ja, er ist eine Ausnahme«. Aber wenn ein Schwarzer scheitert, dann sagen diese Leute, manchmal sogar mit einer gewissen Schadenfreude: »Was haben Sie denn erwartet – ich habe es schon immer gesagt.« Aber wir sind hier zusammengekommen, um Gott für diesen Erfolg der Schwarzen zu danken.

Unsere schwarzen Landsleute sollten wissen, welchen Einfluß sie als Verbraucher haben. Viele Geschäfte in Johannesburg würden zusammenbrechen, wenn wir ihnen unsere Unterstützung entzögen. Viele weiße Zeitungen wie die *Rand Daily Mail* oder die *Sunday Times* würden eine viel kleinere Auflage haben, wenn Schwarze sie nicht mehr kaufen würden. Viele Baufirmen und Banken würden im Regen stehen, wenn wir unsere Sparkonten auflösten. Und doch behandeln sie uns oft so, als täten sie uns einen Gefallen. Lange Zeit konnten Schwarze von den Baufirmen keine Kredite bekommen – obwohl wir den Wohnungsbau für die Weißen zum Teil mit unserem Geld unterstützt haben. Die Baufirmen und Banken hätten schon längst eine Gesetzesänderung verlangen können wie die Weinbauern, welche die Forderung erhoben, man müsse den Schwarzen erlauben, das sogenannte Getränk des weißen Mannes zu trinken.

Wir müssen uns des Einflusses bewußt werden, den wir mit unserer Kaufkraft ausüben, und auch die weißen Südafrikaner sollten das wissen, damit sie mit uns, die diesen Hebel in der Hand haben, verhandeln. Einige der erwähnten Zeitungen bringen Berichte, die für uns bestimmte Auswirkungen haben – als bildeten wir nicht einen wesentlichen Teil ihrer Leserschaft! Sie schreiben, als würden sie nur von Weißen gelesen. Wir sollten sie zum Beispiel auffordern darüber nachzudenken, wie sie das Wort »Terrorist« verwenden, wenn es auch neutrale Worte für denselben Begriff gibt. Wir sollten sie daran erinnern, daß sich die Zahl der bei ihnen abgedruckten Anzeigen nach der Höhe ihrer Auflage richtet, und daß sich die Auflage durch die schwarzen Leser wesentlich erhöht. Wir wollen die fundamentalen Veränderungen in Südafrika auf möglichst friedliche Weise erreichen, deshalb sollten diese Zeitungen und Geschäfte die Regierung auffordern, mit den Schwarzen zu verhandeln, bevor es zu spät ist, weil die Schwarzen bestimmte Machtmittel in der Hand haben.

Ihr Geschäftsleute müßt dieses Unternehmen zum Erfolg führen, denn damit dient ihr der Sache der schwarzen Befreiung, die gleichzeitig auch die Befreiung der Weißen bedeutet. Solange die Schwarzen nicht frei sind, wird niemand in Südafrika frei sein. Die Freiheit ist unteilbar. Ihr Geschäftsleute müßt erkennen, daß euer Geschäft nicht florieren wird, wenn ihr nur an euch selbst denkt. Die Armut und die Arbeitslosigkeit unter der schwarzen Bevölkerung wird sich negativ für euch auswirken. Wir müssen gemeinsam voranschreiten. Die Schwarzen müssen an der Prosperität im Lande teilhaben. Wenn ihr zur Stärkung unserer Kaufkraft beitragt, dann wird euer Umsatz steigen. Sie müssen sich darum bemühen, den Lebensstandard unserer schwarzen Bevölkerung zu heben, Sie müssen den jungen Leuten Stipendien für eine bessere Erziehung gewähren, kulturelle und andere Projekte fördern und Gemeinschaftsvorhaben unterstützen. Tun Sie das für uns alle in Südafrika. Ich glaube an ein ungeteiltes Südafrika, in dem alle Menschen etwas bedeuten, weil sie nach Gottes Bild geschaffen sind. Gott hat an jeden einzelnen von uns schon gedacht, bevor er geboren wurde. Jeder von uns ist etwas ganz Besonderes, eine einzigartige Persönlichkeit.

Meine Zukunftsvision für Südafrika

Aus einem Artikel vom 25. März 1979.

Jeder von uns sollte die Freiheit haben, ein ganzer Mensch zu sein. Das ist nach meinem Verständnis die Grundlage jeder menschlichen Gesellschaft – daß Gott uns als freie Menschen für die Freiheit ohne jeden Zwang geschaffen hat. Ohne Freiheit ist jede Verantwortung ein Unsinn. Wir müssen frei sein, alternative Entscheidungen zu akzeptieren oder abzulehnen, zu gehorchen oder den Gehorsam zu verweigern. Gott, der als einziger das absolute Recht hat, ein totalitärer Herrscher zu sein, achtet unsere Freiheit, ganze Menschen zu sein, so uneingeschränkt, daß Er es lieber

zuläßt, daß wir freiwillig in die Hölle gehen, als daß Er uns zwingt, in den Himmel zu kommen.
Die Bibel lehrt, daß ein Mensch nur ein Mensch sein kann, wenn er zu einer Gemeinschaft gehört. Wir Afrikaner drücken das in unserer Sprache so aus, daß wir sagen, eine Person ist eine Person durch andere Personen. Deshalb ist die Trennung von Personen aufgrund biologischer Zufälle verwerflich und blasphemisch. Eine Person hat das Recht auf ein stabiles Leben in der Gemeinschaft, und die erste dieser Gemeinschaften ist die Familie. Ein stabiles Familienleben wäre in meinem Südafrika von vorrangiger Bedeutung.
Dort gäbe es die Freiheit des Zusammenschlusses von Gruppen, die Freiheit des Denkens und die Freiheit, seinen Gedanken Ausdruck zu verleihen. Dazu gehört natürlich auch die Freizügigkeit. Jeder wäre frei zu gehen, wohin er will, und sich mit jedem zu verbinden, der ihm gefällt. Als erwachsene Menschen wären wir nicht drakonischen Zensurbestimmungen unterworfen. Jeder kann selbst entscheiden, was er lesen will, welche Filme er sehen will und welche Auffassungen er vertritt. Wir dürfen uns nicht ducken und zu einem sterilen Puritanismus zwingen lassen.
Weil wir nach dem Bilde Gottes geschaffen sind, ist die Kreativität eines unserer Attribute. Südafrika hungert nach den großen schöpferischen Leistungen, die viele seiner Kinder vollbringen könnten, weil es künstliche Barrieren gibt und die Menschen daran gehindert werden, ihre ganze schöpferische Kraft zu entwickeln. Wenn man im Ausland gewesen ist und zum Beispiel

die Tanzgruppe von Black Alvin Abbey gesehen hat, die im Covent Garden vor vollem Haus ein modernes Ballett aufführte, dann kommen einem die Tränen, denn man muß daran denken, wie man Südafrika um solche Leistungen seiner Bewohner betrogen hat. Wieviele hochbegabte Menschen werden daran gehindert, ihre Fähigkeiten zu entwickeln und vorwärtszukommen?

Wenn ich an die großartigen jungen Menschen denke, die ich kennengelernt habe und die trotz ihrer bösen Erfahrungen mit diesem System nicht verbittert sind und nicht resigniert haben, sondern sich ihre ganze Menschlichkeit und ihr ganzes Mitgefühl bewahren konnten, dann weine ich, weil wir so achtlos mit solchen menschlichen Qualitäten umgehen und sie brachliegen lassen. Wir brauchen einen Lehrgang über menschliche Ökologie.

Ich lege großen Wert auf Menschlichkeit und darauf, ein ganzer Mensch zu sein. Nach unserem afrikanischen Verständnis gehört zum Ubantu – dem Menschsein – die seltene Gabe des Teilens mit anderen. Dieses Konzept der menschlichen Gemeinschaft zeigt sich bis heute bei unseren afrikanischen Festen, wo die Menschen zusammenkommen und alle von einem Teller essen und wo nicht jeder seinen eigenen Teller hat. Eine Mahlzeit ist Ausdruck des Zusammenlebens in der Gemeinschaft. Heute geht den Schwarzen dieses wunderbare Gemeinschaftsgefühl allmählich verloren, denn wir werden immer stärker von dem übermäßigen Individualismus des Westens beeinflußt. Ich verabscheue den Kapitalismus, weil er die uns angeborene

Selbstsucht fördert und ihr zu viel Spielraum läßt. Man sagt uns, wir müßten wettbewerbsfähig sein, und unsere Kinder beginnen schon sehr früh zu lernen, wie man sich im allgemeinen Konkurrenzkampf behauptet. Sie müssen in der Schule etwas leisten und schneller als ihre Rivalen das Klassenzimmer ausfegen können. So kommt man weiter. Dafür werden die jungen Menschen ausgezeichnet, aber, soweit ich weiß, nicht dafür, daß sie gut mit ihren Mitschülern auskommen oder andere veranlassen können, ihr Bestes zu geben. Man lehrt uns, die Symbole unseres Erfolgs zu schätzen und uns an unseren schlechten Eigenschaften zu freuen.

Dagegen schwebt mir ein sozialökonomisches System vor, in dem der Schwerpunkt beim Teilen mit anderen und beim Geben liegt und nicht bei dem Bestreben, selbst der Größte zu sein und einen möglichst großen Anteil von allem zu bekommen. Der Kapitalismus ist ausbeuterisch, und das verabscheue ich. Wir müssen die Mittel einsetzen, über die jeder einzelne verfügt. Meine Zukunftsvision ist eine Gesellschaft, in der es mehr Mitgefühl und Verständnis gibt, wo »überflüssige Anhängsel« (so bezeichnet die Regierung die Familien schwarzer Arbeiter – Hrsg.) undenkbar sind, wo Junge und Alte das Gefühl haben, gebraucht zu werden, wo sie Teil des Ganzen sind und nicht als Last empfunden werden. Es ist eine dekadente Gesellschaft, die ihre alten Menschen in seelenlose Institutionen abschiebt. Wir brauchen die Weisheit und die Erfahrungen, die sie in langen Jahren gesammelt haben. Sie können den jungen Menschen das Gefühl

geben, umsorgt zu sein. Durch diese Haltung zeichnete sich die Großfamilie aus.
Ich glaube, in einem künftigen Südafrika müssen wir auch besonders etwas für die Familie tun. Eltern und Kinder allein sind den Spannungen und den vielfältigen Anforderungen des Lebens in der heutigen Zeit nicht mehr gewachsen. Es gibt Probleme, mit denen wir im Rahmen einer größeren Gruppe besser fertig werden können, als wenn wir nur auf uns selbst angewiesen sind. Ich weiß, auch in der Großfamilie gibt es Schwierigkeiten, aber ich bin noch nicht davon überzeugt, daß sie größer sind als die Schwierigkeiten, mit denen die auf sich selbst gestellte kleine Familie fertig werden muß.
Vor allem sehne ich mich nach einem offeneren und gerechteren Südafrika, und dafür arbeite ich. Es soll ein Land sein, in dem jeder einzelne etwas gilt und den gleichen Zugang zu den guten Dingen des Lebens hat, die gleichen Möglichkeiten, sein Leben zu gestalten, zu arbeiten und zu lernen. Ich sehne mich nach einem Südafrika, wo jeder Bewohner vor den Gerichten des Landes die gleichen Rechte hat, wo es nicht mehr möglich ist, einen Menschen ohne Gerichtsverfahren ins Gefängnis zu werfen, wo das Verbannen mißliebiger Personen und ähnliche Willkürmaßnahmen der Vergangenheit angehören und wo wirklich gleiches Recht für alle gilt. Außerdem sollen in diesem Südafrika alle erwachsenen Bürger an den politischen und anderen ihr Leben betreffenden Entscheidungen teilnehmen. Deshalb werden sie das Stimmrecht haben und auch selbst öffentliche Ämter bekleiden dürfen. In

diesem Südafrika wird es eine territoriale Integrität und eine gemeinsame Staatsbürgerschaft geben mit allen Rechten und Privilegien, die zu einer solchen Staatsbürgerschaft gehören und die allen Bewohnern des Landes zugestanden werden.

Für viele ist das, wovon ich hier spreche, heute noch fast eine Utopie, und wir können dieses ersehnte Ziel nicht über Nacht erreichen. Doch die schwarzen Führer würden, so meine ich, bereit sein, ihren schwarzen Landsleuten zu sagen, »habt Geduld – die Dinge bewegen sich in die richtige Richtung«, wenn die weißen Machthaber bereit sind, gewisse Minimalzugeständnisse zu machen, auch wenn dies nur schrittweise geschieht. Das sind:

- A Aufhebung der Paßgesetze.
- B Die sofortige Einstellung der Umsiedlungen.
- C Die Abschaffung der Bantu-Erziehung und die Einführung eines einheitlichen Erziehungssystems.
- D Die feste Zusage für die Einberufung einer Nationalversammlung.

Das wären die entscheidenden Schritte auf dem Wege zur Verwirklichung meiner Zukunftsvision.

Die Herausforderung der 1980er Jahre

Das Überleben als menschliche Gesellschaft

Wir stehen am Beginn eines neuen Jahrzehnts, das für unser Überleben als menschliche Gesellschaft mit Sicherheit entscheidend sein wird. Man hat uns oft genug gewarnt. Wenn man Bücher wie »Future Shock« von Toffler oder »Grenzen des Wachstums« des Club of Rome liest, dann hofft man, daß sich die Zukunft nicht so gestalten wird, wie sie es voraussagen. Ihre Prognosen sind zu trist und unattraktiv. Man sagt uns, wenn wir keine drastischen Maßnahmen ergreifen, werde es bald mit uns zu Ende sein. Es bestehe die Gefahr, daß wir angesichts der Bevölkerungsexplosion von der großen Zahl der Menschen auf dieser Erde erdrückt würden. Der uns zur Verfügung stehende Raum sei schließlich begrenzt, denn er erlaube nur einer begrenzten Zahl von Menschen das Weiterleben auf der Ebene eines optimalen Lebensstandards. Abgesehen davon, daß sich die vielen Millionen Menschen, die die Erde voraussichtlich um die Jahrhundertwende bevölkern werden, hier nicht mehr untergebracht werden können, wird uns gesagt, es gebe keine Möglichkeit, auf dieser Erde genügend Nahrungsmittel zur Ernährung all ihrer Bewohner zu erzeugen.

Wir sind unserer Verantwortung als Verwalter unserer Bodenschätze nicht gerecht geworden. Wir haben Raubbau getrieben und die Erde ausgeplündert, als könnten wir den unersetzlichen Mutterboden, der durch verschwenderische Ackerbaumethoden ausgelaugt worden ist, jederzeit ersetzen. Die Oberfläche der Erde wird in einem alarmierenden Ausmaß geschändet.

Als sei das nicht schon schlimm genug, gehen wir auch mit den unersetzlichen Reserven an fossilen Brennstoffen rücksichtslos und verschwenderisch um –, unsere Vorräte an Kohle und Öl sind nicht unerschöpflich. Und während einige ihre Hoffnungen auf die Kernenergie setzen, warnt man uns vor den Risiken, die der Umgang mit dieser Energiequelle mit sich bringt. Man denke nur an die jüngste Katastrophe im amerikanischen Kernkraftwerk von Harrisburg. Darüber hinaus hat noch niemand das Problem der sicheren Unterbringung nuklearer Rückstände gelöst, die über sehr lange Zeit radioaktiv bleiben.

Genügt Ihnen das? Wie steht es mit der Bedrohung durch den Atompilz? Wir sehen ohnmächtig zu, wie ein Land nach dem anderen die Fähigkeit erwirbt, Kernwaffen zu bauen. Wir beobachten das wahnsinnige Wettrüsten, die Investition knapper Kapitalreserven, die viel besser für die Entwicklung gesellschaftlich relevanter Vorhaben eingesetzt werden könnten.

Das globale Gleichgewicht ist empfindlich gestört. Die Erde ist vielleicht niemals verwundbarer gewesen als sie es heute zu sein scheint. Es besteht in jedem Augenblick die große Gefahr, daß der unsichere Waffenstillstand gebrochen wird, besonders angesichts der tiefen Kluft zwischen dem reichen Westen (einschließlich Japans) und der armen sogenannten Dritten Welt. Die

Kluft vertieft sich und bedroht den Weltfrieden. Man hat den Eindruck, unsere Heimat auf dieser Erde steht kurz vor dem Ausbruch eines riesigen Flächenbrandes.

Künftige Herausforderungen: Südafrika

Der südafrikanische Premierminister, Mr. Botha, hat sich bei den Wahlen von 1981, an denen nur die Weißen teilnehmen durften, um das Mandat für seine Politik oberflächlicher Reformen des Apartheidssystems beworben. Diese Reformen wie die Einrichtung der schon erwähnten internationalen Hotels (wo Schwarze und Weiße in denselben Bars trinken dürfen) lassen die Struktur der Apartheid unberührt und kommen auch nicht in die Nähe dessen, was die schwarze Bevölkerung in Südafrika zu erreichen sucht.

Es kann nicht der geringste Zweifel daran bestehen, daß die ernsteste Bedrohung, der sich die Welt heute ausgesetzt sieht, trotz der Abenteuer Sowjetrußlands in Afghanistan, die Südafrika eine vorübergehende Atempause verschafft haben, nicht der Kommunismus ist. Die meisten Menschen in der westlichen Welt, die von der Vorstellung besessen waren, der Kommunismus drohe die Welt zu beherrschen, wollen uns glauben machen, daß dies tatsächlich der Fall sei. Südafrika hat daraus Kapital geschlagen und bezeichnet sich als die letzte Bastion der westlichen christlichen Zivilisation gegen die räuberischen Übergriffe des Kommunismus und versucht, diesen Eindruck zu erwecken. Es hat Gesetze wie das zur Unterdrückung des Kommunismus und andere in gemeiner Weise repressive gesetzliche Verfügungen erlassen und viele Menschen im Westen damit hinters Licht geführt. Das Wort »Kommunist« ist in Südafrika zum beliebtesten Schimpfwort derer geworden, die hinter der Apartheid und der nationalistischen Regierung stehen. Jeder Gegner der Apartheid kann aufgrund des Gesetzes zur Unterdrükkung des Kommunismus unter Anklage gestellt werden, selbst wenn er geweihter Priester oder Geistlicher einer christlichen Kirche ist, der an Gott glaubt und regelmäßig am Gottesdienst teilnimmt. Aber nur sehr wenige Südafrikaner machen sich die Mühe, auf den himmelschreienden Widerspruch hinzuweisen, der darin liegt.

Wir haben unseren weißen südafrikanischen Mitbürgern sagen müssen, daß es uns Schwarzen nicht in erster Linie um den Kommunismus geht, wie man ihn auch definieren will. Für uns ist der Kommunismus eine in der Zukunft liegende hypothetische Bedrohung. Als Schwarze betrifft uns in erster Linie die harte Realität der Gegenwart, die wir in unserem täglichen Leben fast überall erfahren. Unsere Menschenwürde wird in den Schmutz gezogen, in Frage gestellt, und unser Wert wird an einem belanglosen Kriterium gemessen, für das wir weder gelobt noch getadelt werden können – an unserer Hautfarbe. Unsere vordringlichste Sorge gilt der Tatsache, daß wir im Land unserer Geburt schlechter behandelt werden als drittklassige Bürger, damit eine kleine weiße Oligarchie, die Vertreter eines Sechstels der Gesamtbevölkerung Südafrikas, die politische Macht in der Hand behalten kann. Das ist ein System der institutionalisierten Gewalt. Die Wirtschaft stützt sich auf Wanderarbeiter, und dieser Umstand vernichtet absichtlich und nicht zufällig das Familienleben der Schwarzen. Es ist ein System, das sich auf die strukturelle Arbeitslosigkeit stützt, denn es unterhält Reserven an ungelernten Arbeitern in den »Homelands«, um jederzeit über billige Arbeitskräfte verfügen zu können. Menschen werden aus Gebieten vertrieben, wo sie ursprünglich zufriedenstellend untergebracht waren und Arbeit hatten, um wie Kartoffelsäcke in irgendein abgelegenes, gottverlassenes, unfruchtbares Gebiet abgeschoben zu werden, und zwar oft ohne die Möglichkeit, entsprechende Unterkünfte zu finden. Meist sind diese Wohngebiete zu weit von den Arbeitsplätzen entfernt, und so sitzen sie dort resigniert und »warten auf den Tod«, wie einige von ihnen das nennen.

Sie werden in diese Umsiedlungslager geschickt, um dort zu verhungern. Das geschieht nicht unbeabsichtigt. Es ist Teil der Regierungspolitik, die Schwarzen aus dem sogenannten weißen Südafrika zu entfernen, damit die Schwarzen ihre politischen Rechte in einem besonderen Gebiet ausüben können, in dem ihre Unabhängigkeit nur von dem weißen Südafrika anerkannt wird. Man tut das, damit die Weißen sagen können, die Schwarzen hätten keinen Anspruch auf eine politische Vertretung im »weißen« Südafrika, weil sie dort Fremde sind.

Ich habe mehrere dieser Umsiedlungslager besucht. In

einem von ihnen sah ich ein kleines Mädchen, das dort mit seiner verwitweten Mutter und Schwester zusammenlebte, und fragte:
»Bekommt deine Mutter eine Pension oder eine Rente?«
»Nein«, antwortete sie.
»Wie beschafft ihr euch dann eure Lebensmittel?«
»Wir leihen sie uns«, war die Antwort.
»Habt ihr jemals die geliehenen Lebensmittel wieder zurückgegeben?«
»Nein.«
»Was tut ihr, wenn ihr euch keine Lebensmittel mehr leihen könnt?«
»Dann trinken wir Wasser, um unsere Mägen zu füllen.«
Das geschieht in einem Land, das stolz erklärt, es könne Mais in das hungernde Sambia schicken. Das ist die Politik der Apartheid, und auf diese Weise soll sie die politische Krise in unserem Land überwinden. *Das* ist die wirkliche Herausforderung, vor der die Welt in den 1980er Jahren steht. Wie wird man sich gegenüber Südafrika verhalten, das eine so unmenschliche, eine so böse und teuflische Politik treibt? Ich habe in Südafrika schon warnend meine Stimme erhoben und gesagt, wenn die Regierung entschlossen ist, die Bevölkerung auch weiterhin zu entwurzeln und den Schwarzen das südafrikanische Bürgerrecht zu verweigern, dann können wir jede Hoffnung auf eine vernünftige und friedliche Lösung aufgeben, für die ich und viele andere arbeiten. Wir werden ein Blutbad erleben oder was der ehemalige Premierminister von

Südafrika, Mr. Vorster, »die Alternative, die zu grausig ist, als daß man sie in Erwägung ziehen dürfte« genannt hat.
Für Südafrika gibt es nur noch zwei Optionen. Einmal kann die weiße Minderheit die politische Macht für sich allein beanspruchen und dabei geringfügige, periphere Korrekturen vornehmen. Das wird ebenso unausweichlich zu Gewalt und Blutvergießen führen wie die Nacht dem Tage folgt, und wir müssen alles tun, einen solchen nationalen Selbstmord zu verhindern. Andererseits kann sich diese Minderheit darauf einigen, daß ihre Rettung und wahre Sicherheit in der Aufteilung der politischen Macht liegt, und das kann immer noch geschehen. Natürlich wird das gewisse Abstriche von dem hohen Lebensstandard bedeuten, dessen sich das weiße Südafrika erfreut. Aber wir sagen, die Weißen sollten bereit sein, auf etwas zu verzichten, um nicht alles zu verlieren. Laßt sie verhandeln, solange sie es aus der Position der Stärke tun können und solange es unter den Schwarzen noch Menschen gibt, die eine vernünftige und friedliche Beilegung des Konflikts aushandeln wollen. Mit jedem Tag verringert sich die Glaubwürdigkeit derer, die noch gesprächsbereit sind, und erhöht sich die Glaubwürdigkeit derer, die sagen, es bliebe uns nur noch die Sprache der Gewalt.
Die Vereinten Nationen haben erklärt, das System der Apartheid stelle eine Bedrohung des Weltfriedens dar. Das gilt auch für die noch nicht geklärte Lage in Namibia. Was ich sagen will ist, wenn in Südafrika ein Rassenkrieg ausbrechen sollte, könnte sich daran sehr

wohl ein dritter Weltkrieg entzünden. Das ist keine melodramatische Übertreibung, denn wir haben gesehen, wie die Vereinigten Staaten und die Sowjetunion wegen Angola kurz vor einer militärischen Konfrontation standen. In Südafrika geht es um sehr viel mehr. Außerdem würden, wie ein erfahrener amerikanischer Senator mir in Washington gesagt hat, Rassenunruhen in Südafrika die schrecklichsten Konsequenzen für die Rassenbeziehungen in den Vereinigten Staaten haben. Das gilt mit Sicherheit auch für Großbritannien, wo die zwischen den einzelnen Rassen bestehenden Spannungen bereits am Siedepunkt angelangt sind. Man muß auch bedenken, daß es in mehreren westlichen Ländern sehr viele Menschen aus Ländern der Dritten Welt gibt. Deshalb würde die Lage in diesen Ländern von explosionsartigen Rassenunruhen in Südafrika nicht unberührt bleiben.

Man weiß aber auch, daß viele Menschen im Westen, und das schließt leider ihre Kirchen ein, nicht gewillt sind, etwas Entscheidendes gegen Südafrika zu unternehmen, um dafür zu sorgen, daß möglichst bald eine von der Mehrheit gewählte Regierung die politische Macht übernimmt. (Keine schwarze, sondern eine Mehrheitsregierung.) Das liegt zum Teil daran, daß sich solche Maßnahmen gegen die Weißen richten würden, und damit wären ihre Emotionen berührt. Darüber hinaus hat der Westen hier auch finanzielle Interessen, und man fürchtet, daß politische Veränderungen diese Investitionen gefährden könnten. Auch militärisch und besonders auf dem Gebiet der Kernwaffen gibt es eine Zusammenarbeit mit Südafrika (wenngleich das entschieden bestritten wird). So fragt man sich, ob wirklich die ernste Absicht besteht, fundamentale Veränderungen ohne Blutvergießen und Waffengewalt herbeizuführen. Ich hoffe immer noch, wir können unsere Brüder und Schwestern im Westen dazu bewegen, ihren ganzen diplomatischen, politischen und wirtschaftlichen Einfluß geltend zu machen, um uns an den Konferenztisch zu zwingen. Ich habe jedoch das Gefühl, daß man sich entschieden scheut, diesen Druck auszuüben, und sich zu viel von den Veränderungen verspricht, die angeblich von der Regierung Botha eingeleitet werden.

Mr. P. W. Botha hat die Realität offenbar sehr viel besser erfaßt als die meisten seiner Vorgänger. Aber die Apartheid ist nicht tot; wir haben den Leichnam nicht gesehen und sind noch nicht zu den Beisetzungsfeierlichkeiten eingeladen worden. Man spricht von Veränderungen bei Sportveranstaltungen, in den sogenannten internationalen Hotels, in Restaurants und Filmtheatern, die von Schwarzen und Weißen besucht werden dürfen, und davon, daß diskriminierende Verbotstafeln verschwinden sollen. Im günstigsten Fall wird dadurch vielleicht ein Klima geschaffen, das die notwendigen Veränderungen begünstigt und einen Prozeß in Gang setzt, der sich nur schwer rückgängig machen läßt. Aber für die meisten Schwarzen sind es nur kosmetische, oberflächliche Korrekturen, die denen nichts helfen, die in Ghettos wohnen und auf dem Weg zur Arbeit und zurück überfüllte Eisenbahnen und Omnibusse benutzen müssen. Es ist möglich, daß die Regierung mit einer neuen Strategie beginnt und die reine Rassendiskriminierung abschaffen will. Sie mag bereit sein, bestimmten Schwarzen erhebliche materielle Privilegien zu gewähren, die dann in der Mitte zwischen den Weißen und den schwarzen Habenichtsen stehen und den Status quo lautstark unterstützen werden, der ihnen so viele Vorteile gewährt. Das Problem wird dann nicht mehr ein reines Rassenproblem sein. Aber gesellschaftliche und wirtschaftliche Zugeständnisse und Privilegien sind, so weit sie auch gehen mögen, immer eine unsichere Sache, denn ihre Gewährung hängt von der Laune derer ab, die die politische Macht in der Hand haben.

Deshalb ist die unmittelbarste und dringendste Herausforderung für die 1980er Jahre mit Sicherheit Südafrika, und zwar so lange, bis in diesem schönen Land eine gerechtere und offenere nicht rassistische Gesellschaft entstanden ist.

Der reiche Westen und die Dritte Welt

Das zweite ungelöste Problem ist nach meiner Ansicht der immer größer werdende Abstand zwischen dem Reichtum der entwickelten Länder, die vor allem in der nördlichen Hemisphäre liegen, und der extremen Armut der Entwicklungsländer in der südlichen Hemisphäre. In der letzteren leben zwei Drittel der Weltbevölkerung, und sie verfügen nur über einen ganz geringen Teil des Reichtums dieser Erde. Die Raubgier der großen Industriestaaten, die mit ihrer rücksichtslosen Ausbeutung der vorhandenen Reserven das ökologische Gleichgewicht zerstören, hat erschreckende Ausmaße angenommen. In den reichen Ländern wird viel mehr verbraucht als sich angesichts ihrer Bevölkerungszahlen rechtfertigen läßt. Aber die hungrigen Massen werden den Überfluß bei ihren reichen Nachbarn auf die Dauer nicht hinnehmen. Dieses Ungleichgewicht könnte allzu leicht Anlaß für eine katastrophale Konfrontation werden. Wir in Afrika werden diese Frage auf internationaler Ebene zur Sprache bringen müssen. Wir müssen eine gerechtere Verteilung der auf dieser Erde vorhandenen Ressourcen, angemessene Preise für unsere Rohstoffe und einen gerechteren Wettbewerb auf den Weltmärkten verlangen. Ich habe den Eindruck, daß viele Bewohner der ärmeren Länder das sogenannte System des freien Unternehmertums außerordentlich kritisch beurteilen. Aus meiner Sicht öffnet der Kapitalismus der menschlichen Gewinnsucht Tür und Tor, und dahinter steht die Moral des Dschungels – »das Überleben der Tüchtigsten, die Schwächsten an die Wand, und die Letzten gehen zum Teufel«. Was ich vom Kapitalismus und dem System des freien Unternehmertums gesehen habe, erscheint mir moralisch abstoßend und unerträglich. Ich wünsche mir eine Gesellschaft, in der sich die Menschen nicht von Habgier und Konkurrenzneid beherrschen lassen, sondern bereit sind, mit anderen zu teilen. Ich lehne eine Gesellschaft ab, wo Rücksichtslosigkeit und Selbstsucht im Vordergrund stehen, und hoffe, daß wir uns um eine Gesellschaft bemühen

werden, in der wir Verständnis füreinander aufbringen und einander helfen und wo die Menschen nicht deshalb einen Wert besitzen, weil sie Verbraucher oder Produzenten sind, sondern weil sie nach dem Bilde Gottes geschaffen sind.
Die zweite große Herausforderung liegt also in dem Abstand zwischen den reichen hochentwickelten Industriestaaten und den armen Entwicklungsländern. Wenn wir nicht rechtzeitig etwas unternehmen, könnte es geschehen, daß die hungernden Männer und Frauen mit leerem Magen aufbrechen, um sich in den Vorratskammern der Reichen das zu holen, was sie entbehren mußten. Verzweifelte Menschen wenden verzweifelte Methoden an. Wir werden als Narren sterben, wenn wir nicht lernen können, als Brüder zusammenzuleben – um einen Gedanken von Martin Luther King aufzugreifen.

Eine prophetische Kirche und die Menschenrechte in der Dritten Welt

Erzbischof Luwum wurde im Februar 1977 auf Befehl von Idi Amin ermordet, nachdem er zur Frage der Menschenrechte, die von der Armee Amins flagrant durch Foltern, Morde und Vergewaltigungen verletzt wurden, eine schriftliche Petition eingereicht hatte.

Es wird Zeit, daß die Kirche in Afrika und die Kirchen in der Dritten Welt ihre Eigenständigkeit erlangen. Wir wissen, daß die Kirche zur Zeit der Bekehrung Konstantins in eine kritische Phase geriet. Damals wurde sie zu einer legalen Organisation, die eine enge Verbindung mit dem Staat und den Machthabern einging. Sie hielt nicht immer einen kritischen Abstand von den Mächtigen, der es ihr erlaubt hätte, ihrer prophetischen Mission zu genügen und zu sagen: »So spricht der Herr...« Das hatte zur Folge, daß die Armen und Rechtlosen gerade von der Institution im Stich gelassen wurden, die auf ihrer Seite hätte stehen sollen. Für die Kirche war es nur allzu leicht, einen ungerechten Status quo zu billigen, weil sie materiellen Nutzen aus ihrer Verbindung mit den Großen und Mächtigen zog und dabei ihren Auftrag vergaß, dienende Kirche zu sein.

In den in letzter Zeit selbständig gewordenen Ländern der Dritten Welt erleben wir nur allzu oft schwere Verstöße gegen die bürgerlichen Freiheiten und die Menschenrechte. Die Bevölkerung hat es unter ihren eigenen Herrschern oft sehr viel schwerer als vorher unter den Kolonialherren. In vielen Fällen wird den Menschen das Recht der freien Meinungsäußerung und die Pressefreiheit vorenthalten. Jede Kritik am Machtmißbrauch durch die totalitären Militärdiktaturen ist untersagt. Die politische Opposition wird unter dem Vorwand verboten, daß sich Entwicklungsländer nicht den Luxus eines demokratischen Systems erlauben können und daß Einparteienstaaten nicht notwendigerweise Diktaturen seien.

Leider trifft das nur sehr selten zu. Man muß beklagen, daß die Länder der Dritten Welt mit großen Schwierigkeiten zu kämpfen haben, und es kommt nur sehr selten vor, daß der Wechsel der politischen Führung auf friedliche Weise vollzogen wird. Überall herrscht Korruption, und die ohnedies verarmte Bevölkerung muß die Folgen tragen. Meine Sorge ist es, daß sich die Kirche im großen und ganzen zu zurückhaltend verhält und sich augenscheinlich fürchtet, zu viel Staub aufzuwirbeln. Es gibt bewundernswerte und großartige Ausnahmen wie den Erzbischof Luwum, der dem unmenschlichen Amin mit den Forderungen des Evangeliums Jesu Christi entgegengetreten ist und sein mutiges Auftreten mit dem Leben bezahlen mußte. Ich denke aber auch an die Erfahrungen, die Kardinal Malula in Zaire machen mußte. Mir geht es um die Integrität der Kirche Jesu Christi. Wir müssen deutlich zeigen, daß wir nicht von politischen Überlegungen, sondern von den Geboten des Evangeliums motiviert sind, und wir müssen deutlich sagen, daß das Schlechte schlecht ist, ob nun Schwarze oder Weiße dafür verantwortlich sind. Die Kirche muß bereit sein, den Preis für diese Loyalität gegenüber ihrem Herrn und Meister zu bezahlen. Politische Führer sind oft von einer unterwürfigen Kirchenführung im Stich gelassen worden, die sie moralisch und ethisch hätte anleiten sollen, sich aber damit zufriedengab, sich dem Zeitgeist anzupassen. Die Kirche in Afrika steht vor dieser Herausforderung durch Ungerechtigkeit, Korruption, Unterdrückung und Ausbeutung im eigenen Land und hat keine andere Wahl als ihren prophetischen Auftrag zu erfüllen. Andernfalls hat sie ihren Anspruch, die Kirche Jesu Christi zu sein, verloren. Wir in Afrika

können sehr viel von der Kirche in Lateinamerika lernen und auch von der Kirche in Südkorea.
Im engen Zusammenhang mit der Haltung der Kirche gegenüber den Regierungen steht ihre Haltung zu der Frage des immer größer werdenden Abstands zwischen den Reichen, die immer reicher werden, und den Armen, die in unseren Ländern immer ärmer werden. Die reichen Afrikaner werden zu geschickten Ausbeutern ihrer afrikanischen Landsleute, und die Kirche ist versucht, sich auf die Seite der Reichen und Mächtigen zu stellen und die Armen zu vergessen, die Christus als die geringsten seiner Brüder bezeichnet hat. Wir müssen uns in die Slums begeben, die am Rande unserer großen Städte entstehen. Wir müssen uns um die Erniedrigten und im Elend Versinkenden kümmern. Wir müssen die Kirche der Armen und der zu den Randgruppen gehörenden Menschen sein, die keinen Einfluß haben und sich kein Gehör verschaffen können. Wir müssen zu ihrer Stimme werden und dafür sorgen, daß sie gehört werden. Wir müssen ihnen Hilfe zur Selbsthilfe gewähren und es ihnen ermöglichen, ihr Erbe anzutreten – das Erbe der Freiheit der Kinder Gottes und eines Menschentums, dessen Maßstab nicht weniger ist als das Menschentum Jesu Christi selbst.

Gespaltene Kirchen

Aus einer in Bosmont gehaltenen Predigt und einer Ansprache zum Thema der Einheit der Kirche.

In den 1970er Jahren habe ich Nordirland besucht. Ich war eingeladen worden, vor der Generalversammlung der presbyterianischen Kirche in Irland zu sprechen. In Ulster tobte ein Bürgerkrieg zwischen protestantischen Gruppen auf der einen Seite, die die Verbindung mit Großbritannien nicht aufgeben wollten und in Nordirland die Oberhand hatten, und Angehörigen der römisch-katholischen Kirche auf der anderen Seite, die eine Vereinigung mit Irland wünschten, weil sie hofften, damit ihre Lage gegenüber der einer in mancher Hinsicht benachteiligten Minderheit zu verbessern. Wir haben ungezählte Male gehört, welche furchtbaren Verluste dieser Krieg verursacht hat. Wer als Protestant in einem römisch-katholischen Gebiet lebt, dessen Tage sind gezählt und umgekehrt. Die Brutalität, mit der dieser Krieg geführt wird, ist oft unglaublich.
Während ich dieses unglücklich geteilte Land besuchte, nahm man mich auf eine Besichtigungsfahrt durch Belfast mit. Oberflächlich betrachtet wirkte alles ganz normal. Die Menschen eilten zur Arbeit, Mütter brachten ihre Kinder zur Schule und machten ihre Einkäufe. Man konnte nichts Ungewöhnliches entdekken, bis man sich die Gebäude ansah und die Geschoßeinschläge an den Mauern entdeckte oder die Spuren der Bombendetonationen auf den Straßen. Alles sah

ganz normal aus, bis man die Truppentransporter mit den Soldaten sah, die den Finger am Abzug ihrer Gewehre hatten. Dann wurde diese Normalität plötzlich zu einem Alptraum. Einen besonders erschütternden Anblick werde ich nie vergessen, und er wird mir immer in Erinnerung bleiben – es war fast so, als sei diese Szene für mich gestellt worden. Auf einer Straßenecke sah ich zwei Gruppen von Kindern und Jugendlichen, die offensichtlich zu den beiden verfeindeten Gruppen gehörten. Sie beschimpften einander und bewarfen sich mit Steinen.

Auf einer Ebene war es ein politischer Streit – es ging um die Bürgerrechte für eine Minderheit–, aber auf einer anderen war es eine religiöse Konfrontation zwischen römischen Katholiken auf der einen und den Mitgliedern verschiedener protestantischer Konfessionen auf der anderen Seite. Und was haben diese christlichen Konfessionen aus den Kindern gemacht! Sie bekennen sich zu einem Glauben, der verkündet, daß sein Herr und Meister die Barrieren niedergerissen hat, die die Menschen voneinander trennen, um sie alle als Glieder seines Leibes, der Kirche, zu vereinigen. Aber wenn man diese Kinder ansah, dann klangen alle Beteuerungen über eine mögliche Versöhnung äußerst hohl.

Auf dem Kongreß schilderte einer der Delegierten einen grausigen Vorfall. Er berichtete von einigen jungen Mädchen, die in ein Pub gegangen waren, um dort etwas zu trinken, und anschließend ein Mädchen, das der anderen Partei angehörte, zu Tode gesteinigt hatten. Nach diesem kaltblütigen Mord waren sie wieder in das Pub gegangen, hatten weiter getrunken und keinerlei Reue gezeigt. Dieser Bürgerkrieg hat nicht nur die Erwachsenen brutalisiert und entmenschlicht, sondern auch die Kinder. Was muß Jesus fühlen, wenn er zu uns herabblickt? Sicherlich muß er ebenso weinen wie er um Jerusalem geweint hat. Es war erfreulich auf dieser Versammlung zu hören, welche Anstrengungen die Kirchen *gemeinsam* unternahmen, um ihren Mitgliedern in dieser furchtbaren Situation zu dienen – wie sie versuchten, die schwärenden Wunden der Bigotterie, des Hasses und der Verbitterung zu heilen und wie sie einander in diesem gemeinsamen Dienst näher kamen, vielleicht mehr als durch alle die Debatten, die sie über die Einheit der Kirche geführt hatten. Die Kirchen müssen sich ihrer Schuld bewußt werden und sich reumütig an die Brust schlagen, wie sie dazu beigetragen haben, die Kinder Gottes in zwei feindliche Lager aufzuspalten anstatt sich um Einheit, Gerechtigkeit und Versöhnung zu bemühen. Die innerkirchliche Spaltung erschwert es den Menschen, an das Evangelium Jesu Christi zu glauben.

Kirchen, die sich voneinander getrennt haben, verlieren jeden Einfluß, aber wenn wir unsere Kräfte vereinigten, könnten wir bedeutend mehr leisten. Ist es nicht eine Verschwendung des uns von Gott gegebenen Reichtums, wenn zum Beispiel jede Konfession ihre eigenen Kirchen bauen muß, so daß in einem Stadtgebiet wie zum Beispiel Soweto mehrere Kirchen den Mitgliedern der verschiedenen Konfessionen zur Verfügung stehen? Wäre es nicht viel besser, wenn wir uns darauf einigten, ein oder zwei Gebäude zu errichten, die von allen Konfessionen benutzt werden könnten? Das so gesparte Geld könnte nützlicher verwendet werden – zur Speisung Hungriger oder um Stipendien für begabte Schüler und Studenten einzurichten. Das ist ein überzeugendes Argument, aber letzten Endes ist es nicht der eigentliche Grund, weshalb die Einheit der christlichen Kirche wiederhergestellt werden sollte.

Es gibt Menschen, die sagen, das Zeugnis der Kirchen sei unglaubwürdig, weil sie anstatt mit einer mit vielen Stimmen sprechen. Als wir den Premierminister aufsuchten, fragte er, auf welche Kirche er hören solle, denn sie alle kämen zu ihm, und jede sage etwas anderes. Präsident Samora Machel soll den Kirchen in Mozambique gesagt haben, er werde nur auf sie hören, wenn sie sich vereinigten und gemeinsam das gleiche sagten. Auch das ist ein überzeugendes Argument, es ist aber nicht der wahre Grund für unser Bemühen um die Einheit der Kirche.

Der wahre Grund ist, daß unser Gespaltensein das Evangelium Jesu Christi unterminiert. Er ist gekommen, um uns miteinander zu versöhnen; Er hat die Mauern, die uns voneinander trennen, niedergerissen. Wie können wir, die Kirche Gottes, einer in tragischer Weise gespaltenen Welt sagen, wir hätten das Heilmittel für ihre Feindschaften, ihren Haß und ihr Gespaltensein, wenn wir selbst die schwere Sünde begehen, bei unserer Spaltung zu beharren? Die Welt würde uns mit Sicherheit antworten, »Arzt, heile dich selbst«. Wie kann die Kirche in Nordirland den feindlichen Parteien in diesem Land die Versöhnung predi-

gen, wenn Protestanten und Katholiken nicht bereit sind, das Brot des Lebens in der Kirche miteinander zu teilen?
Aber was läßt sich über uns in Südafrika sagen? Wie können wir behaupten, die Apartheid sei etwas Böses und stünde im Widerspruch zum Evangelium der Liebe, wenn wir eine so traurige kirchliche Apartheid praktizieren? Wir haben die Kirchen nach Rassen getrennt und versuchen das mit allen möglichen Vorwänden zu rechtfertigen. Wir begründen es mit getrennten Wohngebieten oder Sprachproblemen. Wir ernennen unsere Pfarrer aufgrund ihrer Rassenzugehörigkeit. Weiße dürfen schwarze und weiße Gemeinden leiten, aber nur in den seltensten Fällen gibt es schwarze Pfarrer in weißen Gemeinden. Und wenn es sie gibt, dann werden sie von weißen Amtsbrüdern unterstützt. Bis vor kurzem richteten sich auch unsere Gehälter danach, welche Hautfarbe wir hatten, und immer noch werden die meisten Kirchen mit gemischt rassischen Gemeinden von der weißen Minorität geleitet. So sind die Kirchen ein Abbild unserer ungerechten und diskriminierenden Gesellschaft. Die Opfer der Ungerechtigkeit und Unterdrückung des Apartheidssystems sehen die Kirchen als Teil dieses Systems der Unterdrückung, besonders weil die privilegierten Christen laut verkündet haben, »haltet Politik und Religion auseinander«, als einige christliche Führer die Apartheid als etwas Böses verurteilten. Diese privilegierten Christen haben dazu beigetragen, das Märchen zu verbreiten, das Christentum müsse nur am Sonntag praktiziert wer-

den und habe nichts mit Löhnen, Unterbringung oder Arbeitslosigkeit zu tun.
Die Glaubwürdigkeit des Evangeliums steht auf dem Spiel. Wir, die Kirche Gottes, können unsere Verpflichtung nur erfüllen, wenn wir bereit sind, ebenso zusammenzuarbeiten wie die Kirchen in Ulster, gemeinsam gegen Ungerechtigkeit, Unterdrückung und Ausbeutung Zeugnis abzulegen, uns auf die Seite der Armen und Unterdrückten in der ganzen Welt zu stellen und hier in Südafrika auf die Seite der Opfer eines der grausamsten politischen Systeme in der Welt. Die Glaubwürdigkeit des Evangeliums kann wieder hergestellt werden, wenn wir zur Stimme derer werden, die keine Stimme haben. Ich danke Gott dafür, daß sich die Kirchen während der jüngsten Unruhen in den Schulen auf die Seite der Kinder gestellt haben und für sie eingetreten sind. Ich habe gesagt, wenn wir das und vieles andere tun, werden wir einen hohen Preis dafür bezahlen müssen. Ich fürchte, die Regierung in Südafrika wird immer autoritärer und wird Kritik und abweichende Meinungen immer weniger tolerieren. Christliche Führer, die es wagen, sich am Kampf für Gerechtigkeit zu beteiligen, werden in zusehends größere Schwierigkeiten geraten. Sie werden schikaniert, festgenommen, verhaftet und deportiert werden, und einige von ihnen werden in der Haft unter mysteriösen Umständen sterben. Viele werden ganz einfach verschwinden, wie das in Rußland, in den Ländern hinter dem Eisernen Vorhang, in Nazideutschland und in Amins Uganda geschehen ist.

Aber wir haben keine andere Wahl, weil wir die Diener dessen sind, der von sich gesagt hat:

»Der Geist des Herrn ist bei mir,
darum daß er mich gesalbt hat;
er hat mich gesandt, zu verkündigen das Evangelium den Armen,
zu heilen die zerstoßenen Herzen,
zu predigen den Gefangenen, daß sie los sein sollen,
und den Blinden das Gesicht
und den Zerschlagenen, daß sie frei und ledig sein sollen,
und zu verkündigen das angenehme Jahr des Herrn.«

Lukas 4, 18.

Die Frauen und die Kirche

Hier unterstützt Bischof Tutu die immer stärker werdende Bewegung, die sich für ein ausgewogenes Priesteramt einsetzt.

Ich glaube, darin daß wir als Männer und Frauen geschaffen sind, zeigt sich unsere gegenseitige Abhängigkeit als menschliche Wesen. Der allein auf sich selbst gestellte Mensch ist in vieler Hinsicht kein vollwertiger Mensch. Wir in Afrika sagen, »eine Persönlichkeit ist erst durch andere eine Persönlichkeit« – das

Menschsein des einen ist mit dem Menschsein des anderen verknüpft. Ich glaube, Männer und Frauen haben ganz spezifische Gaben, und die Gaben beider sind für ein wirklich menschliches Dasein unverzichtbar. Ich bin überzeugt, die Kirche hat etwas Wertvolles verloren, weil sie den Frauen schon seit so langer Zeit die Ordination verweigert. Es ist etwas unerhört Wertvolles, das Frauen und Männer dem geistlichen Amt zu geben haben, und solange es den Frauen verwehrt wird, daran teilzunehmen, besteht hier ein großer Mangel. Irgendwie hat die Menschlichkeit der Männer darunter gelitten. Ich möchte aber betonen, daß weibliche Pfarrer nicht versuchen sollten, die Rolle von männlichen Priestern zu übernehmen. Es gibt im Dienst eines ordinierten Pfarrers viele Dinge, bei denen es gleichgültig ist, ob dieser Pfarrer ein Mann oder eine Frau ist. Es gibt aber viele andere Gelegenheiten, bei denen die typisch weibliche Haltung der besondere und wertvolle Beitrag einer Frau sein wird. Deshalb gefällt es mir auch nicht, daß sich weibliche Pfarrer ebenso wie Männer kleiden und steife Kragen tragen. Ich weiß, sie müssen dokumentieren, daß ihr Priesteramt dem des Mannes in jeder Hinsicht gleichkommt. Aber ich möchte hoffen, daß die Frauen recht bald die notwendige Selbstsicherheit gewinnen, um wirklich Frauen zu sein und nicht schlechte Kopien von Männern. Sie müssen sich für ihr Dasein nicht entschuldigen, sondern ihre Identität und ihren Persönlichkeitswert als Frauen selbstbewußt zum Ausdruck bringen. Das ist es, worum es bei der Befreiung des Menschen geht. Die Kirche und die Welt Gottes brauchen dich als das, was du als Frau bist, mit deiner Güte, deiner Herzlichkeit und deinem Mitgefühl. Im Wesen Gottes gibt es etwas, das unserer Männlichkeit und unserer Weiblichkeit entspricht. Wir neigen dazu, den männlichen Aspekt Gottes zu betonen und sprechen deshalb von Gott dem Vater, und so sollte es auch sein. Aber wir erfassen nicht die ganze Fülle Gottes, wenn wir in ihm das übersehen, was unserer weiblichen Seite entspricht. Wir haben kaum von der Mutterschaft Gottes gesprochen, und das macht uns um so viel ärmer.

Ich möchte hier über einen besonderen Aspekt sprechen, eine ungeheuer wichtige Qualität, welche die Frauen besitzen und die in Beziehung zu einer ähnlichen Qualität Gottes steht. Es ist das Vertrauen, das Frauen zu anderen Menschen haben. Nehmen wir ein Kind, das anderen große Enttäuschungen bereitet. Die Mutter dieses Kindes kann die Schönheit und Güte, die sich in seinem tiefsten Inneren verbirgt, sehen, und Frauen sind sehr viel geduldiger als Männer bei dem Versuch, diese Güte an die Oberfläche zu bringen. Mehr als Männer haben sie die Fähigkeit, das Gute anzuerkennen und zur Wirkung zu bringen. Sie gleichen dem Bildhauer, der die Schönheit einer Skulptur schon in dem unbehauenen Stein sehen kann.

Ich glaube, so ist auch Gott; er hat unendliche Geduld mit jedem von uns und sieht uns so, wie wir sein sollen. Er bringt das Gute, das tief in uns verborgen ist, zum Vorschein und nährt es, er pflegt es, bis es zur vollen Blüte gelangt. Wie Jesus nach seiner Auferstehung mit Petrus umging, erinnert uns in mancher Weise daran, wie Gott oder eine Frau das tun würden.

Petrus, der erklärt hatte, er werde Jesus in den Tod folgen, hatte ihn nicht nur dreimal verleugnet, sondern war, als Jesus gekreuzigt wurde, sogar geflohen und hatte ihn im Stich gelassen. Aber denken Sie nur an die Güte Jesu. Er fragt Petrus dreimal, ob er ihn liebt und zieht ihn damit dreimal zur Verantwortung. Er gibt ihm die Gelegenheit, sein dreifaches Verleugnen wiedergutzumachen. Das war der Glaube an den Menschen Petrus, den Jesus in seinem Glauben an sich selbst bestärkt.
Wir brauchen euch Frauen, denn ihr sollt uns den Glauben an die Menschheit wiedergeben.

Die Rechte der Kinder

Aus einer Ansprache auf der Konferenz zur Förderung des Familienlebens in Hammanskraal im Jahr des Kindes am 2. März 1979.

Meine Frau und ich haben schon am Anfang unserer Ehe beschlossen, unseren Kindern nach Möglichkeit manches zu erlauben, was wir in unserer Kindheit nicht tun durften. Uns hatte man beigebracht, daß Kinder wohl gesehen, aber nicht gehört werden dürfen. Deshalb fühlten wir uns als Kinder schrecklich gehemmt, wenn unsere Eltern und ihre erwachsenen Freunde, die fast als Götter verehrt wurden, interessante Gespräche führten. Wir brannten darauf zu fragen, »wer oder was«, um irgendetwas zu klären, was wir nicht verstanden hatten, aber wir wagten es nie, die Erwachsenen zu unterbrechen.

Ich weiß noch, daß man uns oft sogar verbot, Erwachsene *anzusehen*, wenn sie sich lebhaft miteinander unterhielten. Da wir in sehr beengten Verhältnissen lebten, war es praktisch unmöglich, sich für seine Bücher zu interessieren, während die Menschen im selben Zimmer scherzten und lachten. Man schickte uns aus dem Zimmer, wenn Erwachsene unsere Halbgötter besuchten, und wir mußten zu jeder Zeit bereit sein, möglichst schnell den Tee zuzubereiten, den diese »Götter« in großen Mengen hinunterschütteten. Wir mußten uns mit einem kleinen Schluck aus dem Loch in der Kondensmilchdose zufriedengeben, wenn niemand hinsah.

Unseren Kindern wollten wir diese traumatischen Erlebnisse ersparen. Vielleicht hat auch die Tatsache, daß wir nach England gegangen waren, etwas damit zu tun, denn dort galten unsere antiquierten Lebensgewohnheiten als überholte Überbleibsel aus längst vergangener Zeit. Aber leicht war es nicht. Ich erinnere mich zum Beispiel daran, wie ich unserer jüngsten Tochter sagte, die damals noch ein Knirps von drei Jahren und überzeugt davon war, daß es kaum etwas gäbe, was sie noch nicht wußte: »Mpho, Liebling, sei bitte still; du redest zu viel!« Glauben Sie, daß sich das Kind durch diese Zurechtweisung einschüchtern ließ? Weit gefehlt. Wie aus der Pistole geschossen antwortete sie: »Daddy, du redest auch eine Menge. Und in der Kirche redest du ganz allein.« Das war mir eine

Lehre. Man sollte das, was man als den Kulturschock bezeichnet, nicht auf die leichte Schulter nehmen, denn es ist eine harte Realität. Leah und ich waren durch unsere Erziehung geprägt und hatten die Vorstellung, daß ein Kind nicht aufsässig sein und Erwachsenen nicht widersprechen darf, während unsere Kinder in einer Kultur aufwuchsen, in der das ebenso normal ist wie das Teetrinken. Wir erlebten ein neues Trauma.

Wir bemühten uns ernsthaft darum, den neuen Gegebenheiten Rechnung zu tragen. Wir erlaubten den Kindern, sich an den Gesprächen mit unseren erwachsenen Freunden zu beteiligen. Sie unterbrachen uns, sie widersprachen und leisteten damit ihren Beitrag. Ich muß allerdings sagen, daß manches, was die Kinder uns sagten, uns zum Kochen brachte: »Oh Daddy, das ist Unsinn.« Aber allmählich überzeugten wir uns davon, daß wir sie als vollgültige Persönlichkeiten anerkennen mußten, die ihre eigenen Ansichten hatten, die verlangten, ernstgenommen zu werden. Es genügt nicht, die Autorität hervorzukehren und zu glauben, man könne nur sagen, »tue dies oder tue das«. Die Kinder fragten sofort, »warum?« Wir mußten anfangen, die Tatsachen genau zu überdenken, um unsere Haltung rechtfertigen zu können, und durften nicht mehr nur auf die Autorität der Eltern pochen, wenngleich unser Leben dann manchmal nicht ganz so hektisch verlaufen wäre.

Obwohl es uns traumatische Erlebnisse bescherte, zwei Kulturen anzugehören, wissen wir heute, daß die Erziehungsmethode, auf die wir uns geeinigt hatten, richtig war. Kinder sind ein wunderbares Geschenk. Sie sind junge kleine Persönlichkeiten mit einem eigenen Bewußtsein und eigenen Gedanken und verabscheuen es, von oben herab behandelt zu werden. Sie haben eine unglaubliche Fähigkeit, den Kern der Dinge zu erkennen und jede Heuchelei und jeden Unsinn als das bloßzustellen, was sie sind. Wir dürfen unsere Kinder nicht allzu sehr idealisieren, aber ich weiß, daß die meisten Kinder, mit denen ich etwas zu tun gehabt habe, wunderbar darauf reagieren, wenn man sie mit dem Respekt behandelt, den eine verantwortungsbewußte Persönlichkeit verdient. Es gibt ein altes Sprichwort: »Gib einem Hund einen schlechten Namen, und dann hänge ihn auf.« Wenn wir unsere Kinder so behandeln, als seien sie unzuverlässig und unehrlich, dann darf es uns nicht überraschen, wenn sie sich auch wirklich so verhalten, wie wir es von ihnen erwarten.

Wir reden so viel von Befreiung und von einer gerechten Gesellschaft, in der sich jeder an den politischen Entscheidungen beteiligen kann, die ihm nicht aufgezwungen werden dürfen. Wir lehnen es mit Recht ab, wenn andere uns immer wieder sagen, was gut für uns ist, wenn sie uns bevormunden oder uns die Rechte vorenthalten, die nach unserer Überzeugung unveräußerlich und uns als Menschen in die Wiege gelegt sind. Aber in der Gemeinschaft, in der wir etwas dafür tun *können*, zu Hause in der Familie, sind wir der Abklatsch gerade der Gesellschaft, die wir so entschieden verdammen.

Wir entdeckten indessen, daß es in unserem Haus jetzt sehr viel fröhlicher zuging und wir Eltern etwas daraus lernten, daß wir in einen geistigen Wettstreit mit unseren Kindern traten. Sie erwiesen sich als vollwertige Persönlichkeiten, und wir machten uns Gedanken über vieles, das uns bisher selbstverständlich gewesen war. Das bedeutete keinen Verzicht auf die Disziplin, denn ein rebellierendes Kind stellt einen in Wirklichkeit nur auf die Probe und will feststellen, wie weit sein Verhalten noch akzeptiert wird, und das gehört zu dem oft schmerzlichen Vorgang des Erwachsenwerdens. Wenn es keine in der Familie anerkannten Normen mehr gibt, haben die Kinder schließlich nichts mehr, woran sie ihre eigene Kraft messen können. Den Kindern schließlich doch ihren Willen zu lassen wäre das Schlimmste, was man tun könnte. Sie würden ihren Eltern später die bittersten Vorwürfe machen, wenn sie es versäumten ihnen zu helfen, als verantwortungsbewußte Menschen aufzuwachsen. Schließlich haben sie nur versucht, nicht mehr nur als das Kind ihrer Eltern angesehen zu werden. Sie suchten nach Selbstachtung und einer eigenen Identität. Wir wissen, wie sehr wir es als schwarz und vielleicht auch als (schwarze und weiße) Frauen verabscheuen, wenn unsere Identität durch die Abhängigkeit von anderen bestimmt wird.

Laßt uns aktiv etwas für die Anerkennung der Rechte aller Kinder tun und damit für eine gerechtere und ausgewogenere Gesellschaftsordnung arbeiten, wo jedermann das Recht auf ein erfülltes Leben, auf stabile Familienverhältnisse, auf eine freie und obligatorische Schulbildung, auf Freizügigkeit und die Bildung von Interessengemeinschaften, auf die Freiheit von Unwissenheit, Hunger und Furcht und auf die Freiheit des Denkens und der religiösen Überzeugung hat.

Ausblick in die 1980er Jahre

Eine am 30. Oktober 1979 veröffentlichte Presseerklärung.

Die 1970er Jahre waren ein Jahrzehnt der Hoffnung und der Verzweiflung; Hoffnung, weil überall auf der Welt die vermehrte Sorge um die bürgerlichen Freiheiten und die Menschenrechte spürbar war. Wer gegen die anerkannten Normen der Menschenrechte verstieß, konnte das nicht mehr ungestraft tun. Die ganze Welt stellte sich gegen ihn. Es ist viel erreicht worden bei dem Bemühen um die Aufhebung der Diskriminierung aufgrund des Geschlechts, der Hautfarbe, der Rasse und der Religion. Wir haben in diesem Jahrzehnt aber auch Menschen gesehen wie Amin, Bokassa und andere. Im Nahen und Fernen Osten und in Afrika bot sich uns das gräßliche Schauspiel der Unmenschlichkeit im Umgang der Menschen untereinander. Wir haben überall in der Welt die besorgniserregende Zunahme der Flüchtlingszahlen erlebt – in einer Welt des Überflusses gab es bitterste Armut, Hunger, Ausbeutung und Unterdrückung. Aber wir glauben, dies ist Gottes Welt, und eines Tages wird sich Sein Wille für uns alle durchsetzen. Und so gehen wir mit ruhiger Zuversicht und Optimismus in die 1980er Jahre.

Internationale Intervention

Ein letzter verzweifelter Hilferuf

Als das Erscheinen dieses Buches 1981 vorbereitet wurde, hatte die Regierung den Eloff-Ausschuß mit der Untersuchung des SACC beauftragt mit dem Ziel, den Kirchenrat zu diskreditieren. Doch dieser Versuch endete mit einem kläglichen Fehlschlag. Bischof Tutu verteidigte den Rat in einer mitreißenden Ansprache, und seine Arbeit konnte ungestört fortgesetzt werden. 1984 wurde Bischof Tutu in Anerkennung seiner Bemühungen um friedliche politische Veränderungen in Südafrika mit dem Friedensnobelpreis ausgezeichnet. Noch im gleichen Jahr traf er sich mit Margaret Thatcher und Ronald Reagan, und seine Reden und Fernsehauftritte in den Vereinigten Staaten lösten dort eine Welle von Protesten gegen das Apartheidssystem aus. Viele Menschen einschließlich zahlreicher bekannter Persönlichkeiten riskierten die Festnahme, um die Aufmerksamkeit der Öffentlichkeit auf das Verderbliche der Apartheid zu lenken, und Ronald Reagan sah sich gezwungen, begrenzten wirtschaftlichen Sanktionen zuzustimmen. Während seiner Begegnung mit Reagan zeigte Bischof Tutu dem Präsidenten seine Reisedokumente, in denen seine Nationalität als »zur Zeit unbestimmt« eingetragen war. Reagan, der nach den Worten Tutus »erschreckend« geringe Kenntnisse von der Geschichte Südafrikas hatte, war augenscheinlich schockiert. Nach seiner Rückkehr wurde Tutu in Südafrika zum Bischof von Johannesburg ernannt und trat von seinem Posten beim SACC zurück. Damals mehrten sich die Unruhen im Lande. Nachdem am Gedenktag für Sharpeville einundzwanzig Menschen ermordet worden waren, wurde Tutu gefragt, ob er glaube, daß sich seither irgendetwas geändert habe. Er antwortete: »Nein. 1960 war ich Theologiestudent, und der damalige Bischof von Johannesburg, Ambrose Reeves hatte alle Hände voll zu tun. Während der folgenden Jahre war der Bischof von Johannesburg vor allem damit beschäftigt, Brände zu löschen, aber er weiß ebenso wie alle Südafrikaner, daß wir nicht mit einer Wiederherstellung der Sicherheit rechnen können, solange die Apartheid nicht abgeschafft ist.« Auch 1985 versuchte er, die schlimme Entwicklung zu steuern, in deren Verlauf es dazu gekommen war, daß Schwarze andere Schwarze umbrachten, die sie für Kollaborateure hielten. In einer weltweit ausgestrahlten Fernsehsendung wurde gezeigt, wie er einen angeblichen Informanten vor dem Zorn der aufgebrachten Menge rettete und erklärte, er werde Südafrika verlassen, wenn diese Morde nicht aufhörten.

Die politische Entwicklung in Südafrika hat seit 1981 sehr rasch extreme Formen angenommen. Der zunehmende Druck auf das Apartheidssystem hat das Regime in Pretoria gezwungen, im September 1984 eine »neue Verfassung« zu verabschieden, die Indern und »Farbigen« ein gewisses Mitspracherecht im Parlament gibt. Die schwarze Mehrheit, die darin eine Politik des »teile und herrsche« zu erkennen glaubte, reagierte empört, und seither kommt es unter der schwarzen Bevölkerung fast täglich zu Unruhen, die von der Polizei brutal unterdrückt werden. Zu anderen Entwicklungen gehören der Verlust der Autorität der Regierungsbehörden in den Townships, ein Verbraucherboykott der weißen Wirtschaft, Angriffe der Polizei gegen Schulen und die Bewohner der Townships und die Verhängung des Ausnahmezustands vom Juli 1985 bis zum März 1986, was zur Verhaftung von zehntausend Personen führte, von denen viele in der Polizeihaft gefoltert wurden. Nach der weltweiten Empörung, die auf die Fernsehberichte über Polizeiaktionen in den Townships folgte, wurde die Fernsehberichterstattung über solche Ereignisse verboten, so daß – wie Jesse Jackson es ausgedrückt hat – »sie jetzt im Dunkeln töten, morden und lynchen können«.

1986 verkündete die weiße Minderheitsregierung die Abschaffung der Paßgesetze. Bischof Tutu meinte dazu, angesichts der immer schwieriger werdenden Lage sei das »zu wenig und zu spät«. Zwar ist die Abschaffung der Paßgesetze nach außenhin ein wesentliches Zugeständnis, aber die schwarze Bevölkerung in Südafrika will selbst entscheiden, ob der einzelne einen Paß bei sich haben muß oder nicht. Mit anderen Worten, die Menschen werden sich erst zufriedengeben, wenn ihre legitimen politischen Forderungen erfüllt sind. Angesichts der Taktik des Regimes in Südafrika, Reformen einzuführen, um den Druck im In- und Ausland zu verringern, dabei jedoch die politische Macht in den Händen der weißen

Minderheit zu lassen, kann man auf das Reformprogramm des Botha-Regimes nur mit Vorsicht reagieren. Was sind die Chancen für eine Beteiligung der politischen Krise in Südafrika auf dem Verhandlungsweg? Wie Bischof Tutu vorausgesagt hat, wird die Zahl derer, die eine gemäßigte Haltung empfehlen, immer kleiner, und die Schwierigkeiten, die sich einem gewaltlosen Übergang zur Herrschaft der Mehrheit entgegenstellen, nehmen unaufhaltsam zu. Vielleicht wird es nicht mehr möglich sein, sich an den beiden großen Bewegungen ein Beispiel zu nehmen, die auf dem Wege der Gewaltlosigkeit im zwanzigsten Jahrhundert soziale Veränderungen ermöglicht haben – an der Satyagraha-Bewegung Gandhis in Indien und der amerikanischen Bürgerrechtsbewegung unter Martin Luther King. Bischof Tutu analysiert dieses Problem wie folgt: »Passiver Widerstand und Gewaltlosigkeit setzen ein Minimum an moralischer Haltung voraus. So wußte Gandhi, daß es in England Menschen gab, die moralisch empört waren über das, was die britischen Truppen taten, und sich deshalb für Veränderungen einsetzen würden. Ich bin nicht sicher, daß es in Südafrika dieses Mindestmaß an Moral gibt.« Über die Bürgerrechtsbewegung sagt er: »Es gibt einen fundamentalen Unterschied. In den Vereinigten Staaten stand das Gesetz auf der Seite derer, die für ihre Rechte kämpften. Martin Luther King und seine Anhänger forderten die Gewährung von Rechten, die ihnen nach der Verfassung zustanden. Hier werden unsere Forderungen weder von der Verfassung noch von den Gesetzen unterstützt.«

Wir dürfen daher vermuten, daß wirksame von der internationalen Völkergemeinschaft verhängte wirtschaftliche Sanktionen den Verhandlungen vorausgehen müssen, wenn das Krebsgeschwür der Apartheid ausgebrannt werden soll, das ganz Südafrika destabilisiert und ironischerweise gerade diejenigen mit der Vernichtung bedroht, die die Apartheid praktizieren. Seit April 1986 hat Bischof Tutu ganz offen zu wirtschaftlichen Sanktionen aufgerufen, und angesichts des offensichtlichen Widerstrebens der britischen Regierung, dieses wirksame Druckmittel gegen Pretoria anzuwenden, hat er an die britische Bevölkerung appelliert, wirtschaftliche Sanktionen durchzusetzen, denn darin läge »die letzte Chance, die große Katastrophe abzuwenden«.

J. W.

Das Folgende ist der redigierte Text einer Ansprache von Bischof Tutu vor der Royal Commonwealth Society in London vom 7. Oktober 1985.

Ich bin zu einem als privat deklarierten Besuch hierhergekommen, um mich an den Vorbereitungen für die Konferenz der anglikanischen Bischöfe in Lambeth im Jahr 1988 zu beteiligen. Wenn diese Konferenz in jenem Jahr zusammentritt, dann wird es vierzig Jahre her sein, daß die Apartheid in Südafrika eingeführt wurde. Wird es 1988 immer noch die Apartheid geben – ein System, das ebenso grausam, so böse, so unchristlich und so absolut unmoralisch ist wie es der Nazismus jemals war? Nach meiner Ansicht hängt die Antwort auf diese Frage weitgehend davon ab, was der Westen, besonders aber Großbritannien, die Vereinigten Staaten und Westdeutschland, zu tun oder nicht zu tun bereit sind. Nach Auffassung der Schwarzen haben sie Mr. P. W. Botha mit einer Art *cordon sanitaire* umgeben, um ihn vor den Folgen einer unerhörten Politik zu schützen. Er hat gewußt, daß er sich auf den Schutz dieser Länder bei den Vereinten Nationen verlassen kann, als der Sicherheitsrat über ein Vorgehen gegen Südafrika abstimmte. Eines von ihnen würde mit Sicherheit gegen ein solches Vorgehen ein Veto einlegen oder seine entschiedene Ablehnung erklären, und das gleiche gilt für alle Maßnahmen, die das Ende der Apartheid bedeuten würden.

Das Apartheidssystem hat im Lauf seiner Entwicklung verschiedene Stadien durchgemacht. Der erste Schritt war Ausdruck eines unverfrorenen, nackten Rassismus, wobei niemand sich die Mühe machte zu leugnen, daß es beabsichtigt war, dem »Eingeborenen« den ihm gebührenden Platz anzuweisen. Wir waren diese »Eingeborenen«, und zu jener Zeit wurden Karikaturen verbreitet, die einen verwahrlosten Schwarzen zeigten, und die Unterschrift lautete: »Möchten Sie, daß Ihre Tochter diesen Mann heiratet?« Wie Sie wahrscheinlich wissen, würden die Schwarzen heute die richtige Antwort bereit haben: »Zeigen Sie uns zuerst Ihre Tochter!«
Als die Regierung erkennen mußte, daß die Apartheid auf den Widerstand stieß, den sie verdient hatte, versuchte sie, diesem System ein neues Gesicht, eine moralische Rechtfertigung zu geben. So entstanden Begriffe, die für Südafrika bezeichnend waren, wie zum Beispiel die »parallelen Demokratien«, »die getrennte Entwicklung« oder »die pluralistische Demokratie«. Man bezeichnete uns jetzt als die »Plurals« – der einzelne Schwarze wurde damit wahrscheinlich zum »singularen Plural«, und die auf dem Lande lebenden Schwarzen waren »ländliche Plurals«. Dann kam man auf den Gedanken, die sogenannten Bantustans einzurichten. Dieser Idee lag die Theorie zugrunde, Südafrika sei nicht ein Land, wo einer Minderheit eine überwältigende Mehrheit gegenübersteht. Ganz im Gegenteil, die Regierung behauptete: »Wir sind eine aus Minderheiten bestehende Nation, und die Weißen – die Franzosen, Deutschen, Engländer,

Portugiesen, Spanier und so weiter – sind aufgrund einer geheimnisvollen Alchimie imstande, sich zusammenzuschließen und eine Nation zu bilden, während die Schwarzen in verschiedene Nationen aufgespalten sind.« Wir sagen: »Könnten Sie uns vielleicht erklären, mit welcher Glanzleistung Sie es fertiggebracht haben, sich auf diese Weise zusammenzuschließen, während es uns nicht gelungen ist?« Aber diese Frage wird nicht beantwortet. Das Ziel der Regierung war es, uns zu denationalisieren und uns im Lande unserer Geburt zu Ausländern zu machen.

Das ist sehr schlau. Dann kann man sagen, Ausländer haben keinen Anspruch auf bestimmte Rechte in dem Land, in dem sie Ausländer sind, am wenigsten politische Rechte. Und dann folgte dieses beispiellose Unternehmen, bei dem man daranging, stabile schwarze Gemeinwesen zu zerstören, um dieser rassistischen Ideologie gerecht zu werden. Dreieinhalb Millionen Menschen wurden entwurzelt und, als seien sie Abfall, in unfruchtbare, abgelegene Homelands verbannt und der Armut preisgegeben. Die Familienväter waren gezwungen, ihre Familien zu verlassen und für einen kärglichen Lohn in den Städten des weißen Mannes zu arbeiten und dort elf Monate im Jahr in Männerheimen zu leben. Damit wurde das Familienleben bewußt zerstört, und zwar in einem Land, in dem es einen offiziellen Feiertag, den sogenannten Familientag gibt, der der Unverletzlichkeit des Familienlebens geweiht ist. Das geschieht in einem Land, das den Anspruch erhebt, die letzte Bastion der weißen christlichen Zivilisation westlicher Prägung zu sein.

Und dann kommt der Westen und erzählt uns, diese Leute sollten unsere Freunde sein. Der Regierung von Südafrika gehören viele Persönlichkeiten an, die während des Zweiten Weltkrieges die Nazis unterstützt haben, während unsere Väter, Brüder und Onkel gegen Rommels Wüstenratten nur mit Wurfspeeren ausgerüstet ins Feld geschickt wurden, weil Smuts gesagt hatte, Schwarze dürften nicht mit Feuerwaffen ausgerüstet werden. Unsere Männer starben im Kampf zur Rettung der westlichen Zivilisation, und heute sind die Verbündeten des Westens diejenigen, die damals auf einen Sieg Hitlers hofften. Ihr sagt diesen Leuten, »laßt Nelson Mandela frei« und sie sagen, »nein, zuerst muß er auf die Gewalt verzichten«, aber der erste, den die nationalistische Regierung 1948 aus dem Gefängnis entließ, war Robbie Liebrandt, der unter der Anklage des Hochverrats wegen Unterstützung der Nazis vor Gericht gestellt und zum Tode verurteilt worden war.
Es gibt eine ergreifende Geschichte von einem schwarzen Gärtner, der in Johannesburg gearbeitet hatte, dort zwar nicht sehr viel Geld verdiente, sich aber trotzdem zu Hause ein recht hübsches Haus bauen konnte. Eines Tages sagte man ihm, die schwarzen Bewohner dieses Ortes müßten umgesiedelt und sein Haus abgerissen werden. Der Mann sagte, »bitte erlauben Sie mir, das Haus selbst abzureißen«. Das wurde ihm gestattet. Am folgenden Morgen fand man ihn an einem Baum hängen. Das ist der hohe Preis, den wir für die Apartheid zahlen müssen – er ist zu hoch. Und das war die zweite Phase.

Dann kam die dritte Phase nach Einführung der

»neuen Verfassung«, eine sehr logische Entwicklung der Regierungspolitik mit dem Ziel, uns zu isolieren. Bei der Apartheid ging es im wesentlichen darum, die große Mehrheit der Bevölkerung dadurch zu beherrschen, daß man ihr die Beteiligung an der politischen Macht verweigerte, die den Zugang zu jeder anderen Art von Macht gewährt. Mit der politischen Macht kann man erreichen, daß zwanzig Prozent der Bevölkerung siebenundachtzig Prozent des Bodens für sich in Anspruch nehmen und achtzig Prozent der Bevölkerung sich mit den restlichen dreizehn Prozent zufriedengeben müssen. Man kann für die Erziehung eines weißen Kindes das Zehnfache dessen ausgeben, was die Erziehung eines schwarzen Kindes kostet, und verfügen, daß für Schwarze und Weiße getrennte Wohngebiete eingerichtet werden.

Jetzt sagt man uns, wir lebten in einem Jahr der Reformen. Dr. Koornhof hat einmal gesagt, die Apartheid sei gestorben, und wir haben gesagt: »Das ist eine sehr interessante Feststellung – könnte irgend jemand so freundlich sein, uns den Leichnam zu zeigen, und den Anstand besitzen, uns zu den Beisetzungsfeierlichkeiten einzuladen?« Wie wir die Dinge sehen, ist die Apartheid nicht tot – die Apartheid ist so mächtig wie eh und je. Im Jahr der Reformen, da es jetzt indische und sogenannte »farbige« Parlamentarier gibt, durften diese nicht den Speisesaal in den Parlamentsgebäuden benutzen, der nur für Weiße reserviert ist. In diesem »Jahr der Reformen« sterben unsere Leute, wenn sie versuchen, sich dem System friedlich zu widersetzen. Sie haben erlebt, mit welcher Brutalität nach der Tradi-

tion unseres Volkes durchgeführte friedliche Demonstrationen niedergeknüppelt worden sind. Seit der Gründung des ANC im Jahr 1912 bis zu dem Tage, an dem er 1960 verboten wurde, hat er sich konventioneller Mittel bedient. Das waren Demonstrationen, Petitionen und passiver Widerstand. Und was geschah? 1960 wurden neunundsechzig Menschen, die friedlich gegen die Paßgesetze protestierten, getötet. Die meisten von ihnen wurden, während sie fortliefen, in den Rücken geschossen. Unsere Kinder ziehen 1976 singend durch die Straßen, und was geschieht? Mehr als fünfhundert Menschen werden getötet.
Was sollen wir denn noch tun und was sollen wir noch sagen, was wir nicht schon getan und gesagt haben. Beeindruckt es Sie gar nicht, daß Dreijährige mit Gummigeschossen der Polizei getötet werden? Oder kommt es nicht darauf an, weil es ja eigentlich gar keine richtigen Kinder, sondern nur schwarze Kinder sind? Beeindruckt es Sie gar nicht, daß die Polizei jungen Mädchen – Teenagern – die Zähne ausschlägt? Eines von ihnen hat dabei fünf Zähne verloren. Was sollen wir sagen, welcher Sprache sollen wir uns bedienen, damit Sie uns verstehen können? Wir fordern Sie ein letztes Mal auf, uns zu verstehen und sagen nur, »ist es Ihnen bewußt, daß wir Menschen sind«? Ist es Ihnen wirklich gleichgültig, daß seit August letzten Jahres tausend Schwarze in Südafrika getötet worden sind? Oder ist das nichts anderes als das Totschlagen lästiger Fliegen? Würden Sie und Ihre Regierung und alle diese wunderbaren Menschen an unserer Stelle denselben Gleichmut zeigen und diese Probleme mit der gleichen

akademischen Distanz behandeln – »nun, wissen Sie, Sanktionen ... aber nein ... Darunter werden doch in erster Linie nur die Schwarzen leiden« – hahaha. Wie wunderbar altruistisch. Ich habe während dieser ganzen Zeit kein Wort darüber gehört, daß man sich um die Leiden der schwarzen Bevölkerung Sorgen macht, und jetzt kommen plötzlich alle diese wunderbaren Menschen und sagen uns, »wenn wir zu Sanktionen greifen, dann werdet ihr leiden«. Sie reden von einem möglichen künftigen Leiden, sagen aber nichts über unser tatsächliches gegenwärtiges Leiden. Es gibt Leute, die sagen, sie hielten eine Veränderung des Systems für dringend notwendig, und wir antworten, daß es drei Möglichkeiten gibt, solche Veränderungen herbeizuführen. Man kann die Regierung abwählen (diese Methode können wir nicht anwenden, denn wir haben kein Stimmrecht). Man kann Gewalt anwenden (wir sagen, wir wollen auf die Gewaltanwendung verzichten). Es bleibt uns also nur eine friedliche Lösung, aber wenn wir Methoden vorschlagen, mit denen sich vielleicht eine friedliche Systemveränderung erreichen läßt, dann müssen wir feststellen, daß die Menschen nur solange für eine Systemveränderung sind, wie alles beim Alten bleibt.

Nun meine lieben Freunde, ich möchte Ihnen nicht den Eindruck vermitteln, daß es nur die Schwarzen in Südafrika sind, die dieses System verändern wollen. Weiße Südafrikaner sind keine Dämonen. Es wäre sehr viel einfacher zu sagen, »wenn man genauer hinsieht, dann erkennt man, daß sie Hörner und Schwänze haben«. Aber so einfach können wir uns das nicht machen. Es sind ganz normale menschliche Wesen, und die meisten von ihnen leben in großer Angst. Auch Sie würden Angst haben, wenn Sie von einer schwarzen Mehrheit konfrontiert würden, die fünfmal so stark ist wie Sie selbst, und wenn sie in rassistischen Kategorien dächten. Sie werden ständig von dem Gedanken geplagt, »sobald wir nachgeben, nachdem wir diese Schwarzen so behandelt haben ...« Sie denken daran, wie Sie selbst reagieren würden, wenn man Sie so behandelt hätte, wie Sie uns behandelt haben. Aber es gibt auch einige bewundernswerte Weiße, und ich sage oft, als Weißer brauchte ich sehr viel Verständnis und Demut, wenn ich mich dem System widersetzen wollte, das mir nur deshalb, weil ich ein Weißer bin, so weitgehende Vorrechte einräumt. Die Weißen, die sich in unserem Lande der Apartheid widersetzen – und es gibt viele von ihnen –, verdienen noch mehr Anerkennung dafür als wir Schwarzen.

Meine lieben Freunde, lassen Sie mich am Ende meiner Ausführung sagen, Sie haben immer noch die Chance, eine moralische Entscheidung zu treffen, denn Sie stehen in der Tat vor der Entscheidung einer moralischen Frage. Sind Sie nun für oder gegen Unterdrükkung und Ungerechtigkeit? Auf welcher Seite stehen Sie? Glauben Sie nicht, daß es auch in Ihrem eigensten Interesse liegt, sich entschieden auf die Seite derer zu stellen, die einmal dieses Land beherrschen werden? Denn es besteht absolut kein Zweifel daran, daß wir frei sein werden. Das läßt sich nicht bestreiten. Wenn jemand das bestreiten will, dann tut es mir leid – wir werden frei sein. Und wir möchten diese Freiheit auf friedlichem Wege erringen, durch Verhandlungen, und darauf richtet sich unsere ganze Energie. Oder soll der Preis für die Freiheit das Chaos, Gewalt und Blutvergießen sein – und das erleben wir schon jetzt in reichem Maß. Es besteht aber immer noch die Möglichkeit einer friedlichen Lösung, wenn Ihre Regierungen den Druck ausüben, um den wir Sie bitten. Sie sollten der südafrikanischen Regierung sagen: »Wenn ihr nicht dieses und jenes tut (und es gibt ganz bestimmte Dinge, die sie tun können), dann werden wir etwas unternehmen«. Die wichtigste Forderung ist die Abschaffung der Apartheid in Südafrika. Und da darf es keine Ausflüchte geben. Wir fordern die Freilassung aller politischen Gefangenen und Verhafteten, und alle im Exil lebenden schwarzen Südafrikaner sollen zurückkehren dürfen, um sich an den Verhandlungen zu beteiligen.

Wir haben ein großes Land. Können Sie sich vorstellen, was geschehen wird, wenn die ganze Energie und alle Mittel, die gegenwärtig eingesetzt werden, um die Apartheid aufrechtzuerhalten oder ihr Widerstand zu leisten, nur noch dafür verwendet werden, uns allen zu dienen? Was für ein großartiges Land wird es sein, wenn Schwarze und Weiße sich die Hand reichen und gemeinsam in diese wunderbare Zukunft voranschreiten werden, die Gott für uns bereitet hat. Was für ein wunderbares Südafrika wird es sein, in dem alle Menschen etwas gelten, wir alle, die Schwarzen und die Weißen, weil wir alle einen unendlichen Wert besitzen, weil wir alle nach dem Bild Gottes geschaffen sind; wenn dieses Land zum Ausgangspunkt eines neuen

Lebens nicht nur für das südliche Afrika, sondern für den ganzen afrikanischen Kontinent im einundzwanzigsten Jahrhundert werden wird. Ich hoffe, Sie dann zur Feier unserer Befreiung einladen zu können.

Zur Person

Desmond Tutu, neben Nelson Mandela Hoffnungsträger für die Unterdrückten Südafrikas, wurde am 7. Oktober 1931 in Klerksdorp, West-Transvaal in Südafrika geboren. Seine Lehrerausbildung absolvierte er 1950–1953 in Pretoria. Bis 1957 war er in Johannesburg und Krugersdorp als Lehrer tätig. 1955 heiratete er seine Kollegin Leah Shenxane. Sein Theologiestudium am St. Peter's College in Johannesburg dauerte bis 1960, ein Jahr später erhielt er die Ordination zum anglikanischen Priester in Johannesburg. 1962–66 studierte er weiter Theologie in London und kehrte als Master of Theology 1966 nach Südafrika zurück. Zwei Jahre lang war er Tutor am Federal Theological Seminary in Alice und Kaplan an der Universität Fort Hare in der Kapprovinz. 1970–72 arbeitete Tutu als Dozent für Theologie und als Universitätskaplan an der Universität von Botswana, Lesotho und Swaziland in Roma, Lesotho. Danach war er drei Jahre lang als beigeordneter Direktor des Theologischen Ausbildungsfonds des Ökumenischen Rates der Kirchen in London tätig. 1975–76 war Tutu Dekan der Anglikanischen Kirche in Johannesburg, bis 1978 Bischof von Lesotho. Ab 1978 Generalsekretär des Südafrikanischen Kirchenrates. 1984 wurde ihm der Friedensnobelpreis für sein Eintreten gegen die Apartheid verliehen. Im September 1986 übernahm er das Amt des Erzbischofs von Kapstadt, nachdem er bis zu diesem Zeitpunkt Bischof der Anglikanischen Kirche von Johannesburg war. Auf Desmond Tutu ruhen die Hoffnungen der schwarzen Mehrheit Südafrikas, zumal eine Aufhebung der Haft Nelson Mandelas gegenwärtig nicht abzusehen ist.